Profession : chefs d'entreprises oubliés

NATHALIE VENET

Profession :

chefs d'entreprises oubliés

© Nathalie Venet, 2022
Édition : BoD – Books on Demand, info@bod.fr
Impression : BoD – Books on Demand,
In de Tarpen 42, Norderstedt (Allemagne)
Impression à la demande
ISBN : 978-2-3224-2811-3
Dépôt légal : juin 2022

« Un pessimiste voit la difficulté dans chaque opportunité. Un optimiste voit l'opportunité dans chaque difficulté. »
Winston Churchill

Ce livre est dédié à ma grand-mère Aimée avec amour. « *En réalité, mémé n'a jamais été Chef d'entreprise, donc si personne ne lui dit, elle n'en saura jamais rien.* »

Ce livre est pour vous mes enfants :
Noa, Eden, Jordan et Nathane.

La proposition du patron –
Magazine FORBES du 19 janvier 2022

Il faut rendre obligatoire l'assurance chômage des dirigeants d'entreprise – Par Nathalie Venet, ancienne chef d'entreprise

Je me présente aujourd'hui devant vous, moi, Nathalie Venet, ancienne chef d'entreprise déchue, mais avec une âme toujours vibrante. Je mets entre parenthèses la rédaction de mon futur livre pour vous expliquer la condition singulière des chefs d'entreprise.

Pendant toute la durée de la vie, en tant que dirigeants d'entreprise, nous devons nous battre au quotidien pour la protection sociale de nos salariés. Nous réglons rubis sur ongle les charges Urssaf, salariales et patronales, ainsi que les cotisations retraite. Par notre engagement, nous faisons vivre l'économie du pays et créons des emplois. Mais qui assure la protection des chefs d'entreprise ?

Une entreprise a l'obligation de souscrire à des assurances civiles et décennales, mais pourquoi **l'assurance chômage du dirigeant n'est-elle pas obligatoire ?** Pourtant, elle existe bien, mais elle n'est pas obligatoire !

Beaucoup de chefs d'entreprise n'en connaissent pas l'existence par manque d'informations et de communication. Les cotisations de cette assurance sont réglées par les entreprises, et pourtant…

Aujourd'hui, il est impératif de repenser à la protection sociale des dirigeants d'entreprise qui, en cas de défaillance ou de liquidation, doivent bénéficier d'un revenu pendant une durée précise, comme leurs salariés. Le véritable problème est qu'aujourd'hui, nous, chefs d'entreprise, **nous retrouvons abandonnés** de tous et surtout sans un revenu minimum vital. Il faut donc faire en sorte qu'une loi soit votée au plus vite et rendre obligatoire cette assurance chômage pour dirigeants afin que ceux-ci puissent vivre dignement, pendant une éventuelle traversée du désert.

Je prends mon bâton de pèlerin pour faire bouger les choses et retrouver l'estime de soi, perdue dans les méandres **d'une administration rigide** et souvent injuste envers les chefs d'entreprise.

À l'aube des prochaines élections, nous espérons que nos futurs responsables prendront en compte cette demande absolument nécessaire pour accroître la puissance de notre pays avec un système qui assurera aussi bien les salariés que les chefs d'entreprise.

Redonner confiance aux entrepreneurs grâce à une sécurisation de leurs revenus permettrait, je pense, de **dynamiser l'entrepreneuriat en France**, pour le bien de la collectivité.

Tribune rédigée par Nathalie Venet, ancienne chef d'entreprise.

Nous sommes le 20 juillet 2021 et c'est un mardi, je m'en souviens encore comme si c'était hier, cette date pourrait évoquer un jour qui pourrait ressembler à un autre, un jour à un mois d'une année, et pourtant, pour moi, ce jour, ce fameux 20 juillet est celui de la fin d'un cycle ou plutôt le début d'un autre. À ce moment précis pour être exacte, c'est la fin du monde, enfin de mon monde !

Pourtant, cette journée aurait dû être magique, inoubliable ! Mon fils Nathane avait un an, 12 mois, et nous vivions un cap qui marquait le début d'une toute nouvelle ère. Le Boutchou devenait grand !

La vie est bien faite ! Le destin ou n'importe quelle autre expression pour définir ce petit clin d'œil du ciel. La semaine d'avant, j'avais commandé chez le traiteur la jolie pièce montée pour fêter cet heureux événement. Ce 20 juillet, quand je la reçois dans son joli carton de couleur marron, je la déballe et j'aperçois sur le haut de ce gâteau fait de choux à la crème, à ma grande surprise, que l'inscription sur la plaque en nougatine comporte une erreur, il est inscrit :

FÉLICITATIONS NATHALIE

Pourtant, mon fils s'appelle Nathane ! Je rigole, souris et je suis prise d'une envie de pleurer, mes jambes se mettent à trembler, ma respiration s'accélère comme si je venais de courir un marathon, mon cerveau est en mode « reset » comme si je ne comprenais plus ce qui se passait, et que mon sang n'arrivait plus à circuler.

Ma fille aînée, Noa, me demande : « Maman, ça va ? »

J'entends à peine sa voix, et aucun son ne peut sortir de ma bouche. Comment pourrais-je être joyeuse après la pire journée, enfin une des pires journées de mon existence ?

Avez-vous déjà ressenti ce moment, quand vous vivez un moment de peine, de tristesse absolue, de désarroi total, et que vous vous mettez à penser à tout et à rien, et qu'il n'y a pas pire ?

Mais en fait, il y a toujours pire, mais la vie étant bien faite, il y a toujours mieux, la vie reprend toujours le dessus...

Il y a pourtant une question qui tourne en boucle dans ma tête, au rythme d'un carrousel. Pourquoi le destin sur les 365 jours de l'année m'a fait-il vivre cet événement ce jour-là ? Comme si la vie avait voulu reprendre le dessus et me passer le message : ta vie n'est pas que matérielle, Nathalie ! Nous connaîtrons la vraie réponse à cette question un peu plus tard.

Après avoir repris mes esprits, je décide d'immortaliser cette plaque en nougatine. Je la retire de la pièce montée délicatement, la pose sur une assiette et la prends en photo. Je trouve cela drôle et triste à la fois, et je me dis que peut-être un jour j'en rigolerai. Une fois la photo prise, nous pouvons commencer à fêter l'anniversaire de Bébé Nathane.

Alors, vous allez me dire pourquoi à mes yeux et seulement à mes yeux ce mardi a été l'un des pires de ma vie.

Cette journée aura été marquée par l'événement le plus tragique de ma vie professionnelle, le tribunal de commerce venait de m'annoncer que ma société, que j'avais fondée, bâtie et élevée, autant de mots pour la définir, allait se retrouver en liquidation judiciaire.

Il est vrai que le mot « judiciaire » peut faire peur, mais c'est le terme classique d'une société en fin de vie. Je me demande bien d'ailleurs qui a trouvé ce terme !

Vous êtes là et, en quelques secondes, vous vous repassez le film de ces années comme si vous aviez été happé par le ciel et que votre vie sur cette Terre avait atteint son but.

Pendant toute la durée de votre mandat, quel joli terme pour désigner la période durant laquelle vous serez chef d'entreprise, vous ne vous retrouverez jamais au tribunal de commerce. Pour ma part, c'était la première fois que j'y allais, je pense qu'on devrait, en tant que chef d'entreprise, au moins une fois au début de notre mandat visiter ce lieu, comme une sorte de journée Portes ouvertes. On serait ainsi préparé psychologiquement, même si le but est de ne jamais y aller !

Quand j'avais une douzaine d'années, je regardais à la télévision la série Tribunal.
Une série qui vous parle sans doute !
La première fois que j'ai été convoquée, j'avais l'impression de remonter le temps, mais là, c'est moi qui étais du côté des accusés. D'ailleurs, je vais vous faire une petite confidence, j'aurais rêvé d'être juge au tribunal de commerce, c'est du bénévolat, mais c'est très intéressant.

Tout dirigeant ayant une activité minimale de cinq ans peut candidater pour être juge au tribunal de commerce. Aujourd'hui, je ne pourrais plus, car pour être juge au tribunal de commerce, vous n'avez pas le droit d'avoir échoué, d'avoir été en redressement ou en liquidation, pourtant, je vous certifie que cela vous procure une grande expérience.

J'aurais plutôt surnommé ça : fermeture définitive, mais dans mon cœur, mais ce fut une fermeture par dépit !

Cette fermeture est une obligation qu'il y a dans ce métier, avec des règles à suivre comme la cessation des paiements qui ne doit pas excéder 45 jours. C'est un terme technique, un peu complexe, mais quand vous arrivez à cette étape, c'est que le métier du chef d'entreprise n'a plus aucun secret pour vous. Tout deviendra clair comme de l'eau de roche.

Nos obligations nous obligent à prendre la décision de nous abattre nous-mêmes, de mettre une fin à une course comme si la ligne d'arrivée était atteinte. Cette décision difficile à prendre est d'ailleurs la plus dure de toute la carrière d'un chef entreprise. Cette ultime étape est la dernière de son parcours qu'il doit mener avec fierté.

Je dois vous préciser que je me suis battue et fortement battue jusqu'à faire appel de cette décision que je trouvais injuste.

Je suis allée jusqu'à envoyer des mails pour obtenir des dates d'audience au président de la cour d'appel de Paris et à son premier secrétaire. Je dois admettre que j'ai été étonnée, car mes courriels ont toujours été lus, et j'ai d'ailleurs reçu de nombreuses réponses.

Ce n'est pas une démarche classique et, en tant que chef d'entreprise, je me devais de tenter le tout pour le tout en cette période estivale, période durant laquelle tout fonctionne au ralenti, pour sauver ce que je pouvais encore sauver. Malheureusement, cet appel n'a pas abouti, ma société a été liquidée.

Quand le tribunal a prononcé la liquidation judiciaire de ma société, il n'a pas fait que ça : il a également établi la date de cessation de paiements ! Cette date est celle à laquelle, pour le tribunal, vous possédiez plus de passif que d'actif, cette date est mise temporairement, car parfois le tribunal peut la faire remonter jusqu'à 18 mois.

Vous devez savoir que la période entre la date établie par le tribunal et la date à laquelle votre société a été liquidée s'appelle la période d'observation. Bizarre comme terme !

Vous n'exercez plus, il n'y a plus rien à observer, mais c'est le terme, de toute manière. Cette date ne veut rien dire. Actif – passif. Pour l'actif, il faut que ce soit l'argent en cash que vous possédez à un jour bien précis en banque, mais le passif, c'est l'accumulation de toutes vos dettes enregistrées en cours. Mais on a toujours plus de dettes que d'argent en banque. Si toutes les sociétés devaient respecter cette règle, il n'y aurait quasi plus de PME.

Je vous explique : votre salarié travaille pendant le mois complet et génère du chiffre d'affaires, vous avez son salaire et ses charges, ses frais courants à régler pendant tout le mois, c'est bien du passif, mais l'actif qu'a généré votre salarié vous l'avez facturé, mais il ne vous a pas été encore payé et vous le serez à minima sur 45 jours si votre client paie correctement.

Ce chiffre d'affaires ne peut être compté comme de l'actif, car le texte de loi précise bien que le mot est : « Disponible ». Ces fonds que vous ne possédez pas encore, ils sont, à ce moment précis, indisponibles. Vous retrouverez le cas avec les commerciaux : parfois, il y a plusieurs mois de salaires, frais, et une commande qui vient rentabiliser toutes vos charges. Mais, au bout de trois mois, vous l'aurez compris, si cette règle était suivie, on serait très nombreux en état de cessation de paiements.

Ce mot « liquidation », quand vous le prononcez, il ne reste plus rien ! Il s'écroule comme un château de sable que vous auriez construit avec tout votre cœur et votre âme, en ayant fait le choix de la plage, du sable, du seau, car tout ici a son importance. Nous nous retrouverons donc à Torquay plage, plage reconnue pour réaliser les meilleurs châteaux de sable. Le sable est de couleur rouge.

Dans sa construction, nous aurions respecté la règle du château de sable parfait, un seau d'eau pour huit seaux de sable, il serait majestueux et solide à la fois, on imaginerait que chaque année correspond à une tour de sable. J'ai eu la chance d'en avoir 11, un premier niveau de 5, un deuxième de 4, un troisième de 2. Effectivement, mon château avait trois niveaux, c'est déjà grand et j'en suis très fière. Je l'aurais imaginé avec quelques tours ou contreforts supplémentaires si l'occasion m'en avait été donnée. Quand tout d'un coup, la vague passe, la mer l'efface, comme la marée que vous n'auriez pas vue monter, et c'est ça une liquidation !

Comme un immeuble que vous auriez construit, et un jour, il est détruit d'un bloc, laissant un champ de ruines, c'est ça une liquidation ! Nous pourrions trouver tellement d'images ou métaphores, mais ça ne changerait pas la finalité. Ma société était liquidée, elle n'existait plus, les salariés licenciés, les bureaux vidés, les voitures vendues aux enchères. Bref, il ne reste plus rien d'ailleurs, vous avez même du mal à vous dire qu'il y a quelques jours il y avait de la vie dans cet endroit qui vous paraît si triste, sombre, et si froid. Vous êtes au milieu des bureaux, assis sur une des chaises qui n'ont pas encore trouvé preneur, à vous poser des dizaines de questions qui resteront sans réponse. Comment cela est-il possible ? Pourquoi moi ? C'est injuste, c'est arrivé si vite, réveillez-moi, je vous en prie, je cauchemarde, je ne peux tout simplement pas le croire, je ne veux tout simplement pas le vivre…

Vous devrez apprendre à vivre avec vos deux mots ennemis : j'aurais dû ou je n'aurais pas dû, qui viendront vous torturer surtout la nuit. Vous l'aurez compris, ce stade est la cause et la conséquence d'un mauvais choix, d'une mauvaise décision, d'une prise de risque ou parfois d'un mauvais conseil, ou tout simplement l'accumulation de diverses situations. Mais la phrase qui deviendra votre alliée et vous apaisera sera : « J'ai fait de mon mieux », car nous faisons et pensons toujours faire de notre mieux.

Les conseilleurs viendront vous dire : « Si cela avait été moi, j'aurais réagi différemment. » Dites-leur : « Tu n'étais pas à ma place, et si tu l'avais été, peut-être que tu aurais réagi de la même façon. »

Trop de questions pour trop peu de réponses ! Si ce n'est celles auxquelles vous aurez envie de vous rattacher, et d'autres que vous n'aurez pas envie d'entendre. Vous sentez un vide énorme, comme si votre vie n'avait pas ou plus de buts. Comme si votre cœur n'avait plus de battement, comme si l'air n'arrivait pas à votre bouche.

Des moments de doutes et angoissants vous envahissent, que vais-je faire ? Que vais-je devenir ? Que sera ma vie maintenant ? Plus rien autour de vous, à ce moment précis, n'a de l'importance. Vous ne verrez plus rien, ni votre mari, ni vos enfants, ni votre maison, ni même vous-même, comme si vous étiez devenue la femme invisible de la fiction des quatre fantastiques, rien !

Vous avez juste envie de vous isoler sur l'archipel Tristan da Cunha, lieu le plus isolé du monde, car vous ne voulez voir personne. Vous désirez crier jusqu'à vous faire entendre en Australie, vous n'avez plus qu'une envie : vieillir d'un coup comme si vous alliez mourir… Personne ne peut comprendre ce manque, ce vide, ce désespoir… Mon mari Marco sera celui qui, finalement, avec du recul, m'aura sauvée d'une grande dépression ou sauvée tout simplement. C'est lui qui aura été le plus dur avec moi par ses mots, ses agissements, son attitude, comme si sa femme, sa guerrière à toute épreuve ne pouvait pas être celle qui se laisse abattre. Il ne l'a pas connue ainsi, cette femme, il ne l'aime pas, ne la supporte pas, alors il doit la réveiller, la secouer, encore et encore jusqu'à ce que la raison, la vie reprenne le dessus.

Sa femme ne doit pas et n'a pas le droit de pleurer pour une société, il ne le supporte pas. Entre nous, si nous avions été à sa place, nous aurions sûrement fait pareil, pour ne pas voir notre mari tomber au plus profond du gouffre. La phrase seule au monde aura vraiment pris du sens ce jour-là… Vous êtes seule loin de tout le monde, face à vous-même, avec vos doutes et question restés sans réponse en ami.

Le proverbe «Se croire seul au monde fait que l'on demande à tous de penser comme soi» avait tout son sens.

Marco avait des mots très durs et injustes. D'ailleurs, je crois que ce sont eux qui sont ancrés en moi, comme un tatouage géant qui serait gravé sur tou mon corps, des mots qui me donnaient juste l'envie de hurler et de tout casser. C'est seulement une société… Un numéro SIRET sur un KBIS…

C'est toi qui as fabriqué de toutes pièces ton entreprise et pas l'inverse…!

Nathalie, réveille-toi, ce n'est pas un enfant! Tu ne comprends rien! C'est mon 5ᵉ enfant, lui répondrais-je.

De toutes les manières, ces mots ne vous rassurent pas, ne vous apaisent pas, et au fond, vous ne l'écoutez même pas. Finalement, j'aurais attendu quoi de lui? Qu'il me dise : « Ma chérie, c'est la catastrophe, je suis désolé pour toi, je ne sais pas ce que tu vas devenir, je te comprends, c'est dur, très dur. » S'il m'avait dit ça, cela m'aurait-il apaisé ou au contraire angoissée? De toute façon, on n'est jamais satisfait quand on ne va pas dans notre sens.

Mes enfants, Noa, Éden, Jordan (15, 13,12 ans), trois enfants de mon premier mariage – j'ai oublié de vous préciser que Marco était mon deuxième époux, comme si la vie m'avait déjà préparé un deuxième cycle de vie –, oui, je suis leur idole comme toutes les mamans du monde, ils m'observent avec leurs petits yeux d'enfant comme une femme forte, belle, intelligente, lionne, présidente de société, working-girl, comme dirait Noa.

Maman est comme la dame de la série. Si on pose la question à Noa « Que veux-tu faire plus tard? », elle répond sans hésitation : « Femme d'affaires! Je désire faire comme maman. » Oui, Noa, ce qu'elle voit et connaît de cette femme d'affaires, ce sont les jolies tenues, être toujours apprêtée, la classe comme elle dirait.

Je confirme, je suis cette femme d'affaires, je fais partie des 84 % des femmes qui ont appris sur le tas le métier de dirigeante d'entreprise. Je suis cette femme qui surmonte, encaisse ce que la vie lui a mis sur son chemin professionnel sans jamais douter, se poser des questions, on avance encore et constamment sans jamais rien lâcher.

Mais entre nous, si nous avions connaissance des difficultés du chef entreprises, que ferions-nous ?

Alors, pour mes enfants, je me cache pour pleurer, crier. Je souris quand ils m'observent d'un petit regard hésitant, et je les rassure du mieux que je peux, leur dis que ça va aller, qu'il ne faut pas qu'ils s'inquiètent.

Je fais la forte femme que j'ai continuellement été, mais là, je joue mon meilleur rôle d'actrice !

Je n'ai pas le choix, ce sont des enfants, des innocents, ils sont trop jeunes pour comprendre et il n'est pas question une seule seconde de les inquiéter. Je ne veux pas changer non plus cette façon qu'ils ont de m'admirer, et ils ne manqueront de rien !

Pourtant, à leur question « Mais maman, tu vas faire quoi maintenant ? », la réponse était toute trouvée d'avance, il me paraissait impossible de leur dire : « Je ne sais pas. » Moi qui en général sais toujours tout, non, la réponse était : « À la retraite ! Mes amours, je suis à la retraite. » « Déjà ? Ce n'est pas vers 60 ans, la retraite, maman ? Tu n'es pas vieille ! »

« Mes enfants, j'ai beaucoup travaillé, je vais me reposer un peu, me détendre, profiter de vous, de moi. » La réponse leur convenait. Quand on emploie le mot « retraité », on se voit propriétaire de sa maison, les enfants ne plus à sa charge, et avec beaucoup moins de charges fixes mensuelles.

Là, j'employais ce mot avec beaucoup d'illusion qui était juste pour eux, car moi, ce mot, « retraite », était accompagné de mon crédit habitation, des enfants à ma charge, et de tous les frais d'un foyer classique. D'un autre côté, entre nous, ces 11 années passées ont été tellement dures, rudes, que j'aurais pu largement m'octroyer le droit de les multiplier par 3. J'ai commencé à 30 ans, 11 × 3 = 33.

Mon cerveau a 63 ans, la retraite approche, non ? Tant de stress, tant de pression, tant d'épreuves à surmonter, tant de rendez-vous compliqués, tant de solutions à trouver, tant de réponses à apporter, bref, on pourrait remplir des dizaines de pages de tant...

Et vous savez combien de missions se regroupent dans la profession de chefs d'entreprise : l'activité commerciale, technique, technologique, administrative et financière, management, notre vraie profession : chef d'orchestre de toute l'organisation et de la structure.

Un jour, je me le rappelle, je vais déjeuner dans un restaurant dans le XVIe arrondissement de Paris, Le Shkoun, très chaleureux d'ailleurs, et la cuisine est juste divine. Ce midi, le restaurant est plein, je retrouve par hasard mon ami Patrick que je n'avais pas vu depuis quelques mois, mais qui prenait de mes nouvelles de temps en temps par téléphone.

Il me dit : « Oh, Nathalie, ça fait plaisir de te voir, comment vas-tu ? » Je lui réponds : « Ça va merci, et toi ? »

Vous aurez compris que je n'ai qu'une envie, c'est de lui dire que je vais mal ! Mais comme à chaque fois que le cas se présente, même si je rêve de lui répondre que je vais mal, la conversation aurait eu une tournure amère et j'aurais glacé le moment ! Cet instant est déjà si difficile, et il ajoute : « Ne t'inquiète pas, Nathalie, je te connais, tu vas rebondir. » C'est toujours drôle l'image que les personnes ont de vous. En un instant, mes oreilles se repassent en arrière ce moment comme s'il fallait que je réécoute ces mots ! REBONDIR !

À ce moment précis, mes yeux partent un instant en forêt palombienne, mes lèvres se chevauchent comme si je venais d'essayer le dernier rouge à lèvres à la mode, et là, en quelques secondes, se met en route le process « RUMINEMENT ». Vous devenez une vache qui rumine pour empêcher les mots de votre bouche de sortir, dans cette jungle où mon esprit se trouve, j'aurais envie de lui répondre : « Alors Patrick, sache que j'ai déjà été un chat qui devait encore retomber sur ces pattes, une jument pure race qui a dû faire sans cesse au saut d'obstacles, et là je devrais être un marsupilami qui rebondit... » Je m'imaginais un instant en marsupilami jaune taché de noir, rebondissant sans cesse sur ma queue préhensile ddémesurée.

Mon processus de ressassement terminé, je lui réponds avec un grand sourire : « Oui, sûrement, je ne suis vraiment pas inquiète. » Ensuite, entouré vous pensez l'être, on vous conseillera de ne pas rester seul, de sortir, voir du monde, vous bouger tout simplement. Vous aurez alors plusieurs catégories d'amis, certains vous diront : « Si tu as besoin de quoi que ce soit, demande-moi, n'hésite pas. » Cela signifie : « Si tu as besoin de rien, viens me voir. » D'autres : « Appelle-moi quand tu veux. » Cela signifie : « Appelle-moi seulement si tu vas bien. » Ou d'autres encore : « Viens, on déjeune en pleine détente. » Rien que ce mot « détente » après déjeuner, vous avez compris que c'est : « On ne déjeune que si tu vas bien et on ne parle pas de toi. »

Vous aurez aussi de belles surprises de vie, des connaissances professionnelles qui vous surprendront. Je me rappelle un soir avoir reçu un message inattendu de Mattéo, une relation professionnelle assez proche que je connaissais depuis quelques années, son message SMS était le suivant : Bonjour Nathalie, j'espère que tu vas bien. Écoute, on a beaucoup travaillé dans le passé, tu m'as beaucoup recommandé auprès de tes clients, si tu as besoin d'aide pour te relancer, n'hésite pas.

Je le remercie, je trouvais sa démarche amicale et bienveillante sans jamais penser que ce qu'il m'avait écrit, il l'honorerait.

Quelques mois plus tard, quand mon nouveau projet professionnel que vous découvrirez un peu plus tard est né dans ma tête, je me suis surprise à lui demander si sa proposition d'aide tenait toujours, eh bien figurez-vous qu'il m'a répondu : Oui, que puis-je faire pour toi ? Nous avons fixé une heure de call, et je lui ai exprimé mon projet. Il m'a donc créé mon futur site internet. Il m'a prodigué quelques conseils que j'ai écoutés attentivement. Je l'ai beaucoup remercié, il était reconnaissant de ce que j'avais pu lui apporter par le passé, et là, c'était mon tour de lui être reconnaissante. C'était une vraie relation d'échange et de simplicité Alors je n'ai qu'un mot, merci Mattéo, et je n'oublierai jamais ce que tu as fait pour moi et pour mon projet.

Une des premières choses que vous ferez dans votre nouvelle vie, enfin celle que vous serez en train de vivre, sera de transférer votre ligne professionnelle à votre nom personnel. Onze ans de contacts, cela en fait du monde, mais ne vous précipitez pas trop vite, personne ne vous appellera, vous n'existerez plus dans ce nouveau monde ! Vous actualiserez vos mails comme si vous attendiez la nouvelle qui révolutionnera votre vie. Le couperet sera fatal, comme si l'information avait circulé à la vitesse d'une fusée dans le ciel, et les seuls courriels que vous recevrez seront de la publicité que, auparavant, vous ne preniez pas la peine de lire ! Normalement, ils auraient été en direction de la corbeille, mais là, vous prendrez plaisir à les ouvrir et à les garder, comme si ça vous donnait le sentiment d'avoir un but et une occupation temporaire.

Mon domicile était temporairement devenu le nouveau bureau de Poste de la ville. Chaque jour, pas loin de 10 recommandés, en une semaine, j'ai battu tous les records. J'en avais plus de 65 ! Soixante-cinq petits papillons jaunes les uns derrière les autres.

Je ne vous raconte pas à la Poste pour les retirer. Il m'aura fallu pas loin de 50 minutes ! J'avais honte, j'ai bloqué toute la file et les personnes derrière moi râlaient. Les papillons jaunes étaient posés sur le comptoir et le gros tas d'enveloppes aussi. La pauvre guichetière devait contrôler les numéros, un à un.

Je me suis demandé ce que devaient penser les personnes derrière moi : qu'a-t-elle fait pour avoir autant de recommandés ? La bonne nouvelle : toutes les enveloppes se ressemblent, et elles viennent toutes du même endroit : le tribunal de commerce.

De toute manière, ma sonnette n'a jamais autant fonctionné.

Entre le facteur et les coursiers d'huissiers, à chaque sonnerie, on faisait le pari : huissier ou facteur ? Il n'y a pas vraiment de gagnant.

Les huissiers me déposaient des actes, car je l'aimais tellement ma société que je me suis portée caution, cela signifie qu'en cas de défaillance, je dois payer pour elle, alors qu'elle n'existe plus. Je n'ai pas de revenus, mais je dois payer et sincèrement, ils ne plaisantent pas !

En un temps record, ils vous remettent un document qui s'appelle «l'inscription hypothèque provisoire».

La maison appartient à la banque, mais elle s'inscrit tout de même dans votre dette. Au début, quand vous ouvrez, vous êtes triste, mais avec l'habitude, vous ouvrez ces documents avec le sourire.

Vous ne pourrez rien changer, c'est la procédure, vous n'aurez pas d'autres choix que d'avancer. Chaque événement qui vous concerne suite à cette procédure vous donne l'occasion d'en être informé, et je me suis même demandé si cela avait un intérêt.

On vous demande plusieurs fois votre accord sur différentes choses, et même si vous ne l'étiez pas, ça ne changerait rien. Je ne voulais pas être liquidée et pourtant, cela est arrivé ! Alors, donnez mon accord pour la vente des voitures, je ne vois pas trop ce que cela change !

Tous les courriers parleront de vous avec toujours le même titre : dirigeant de la société, et pourtant vous ne dirigez plus rien !

Ça porte bien ce nom-là, comme un président de la République s'appelle toujours Président, même s'il n'est plus en fonction. C'est un peu la même chose dans ce cas, comme si tout n'était pas assez compliqué, et stressant, mais au fond, ce que vous ressentez, tout le monde s'en fout.

Car il y a deux mondes : le dirigeant d'entreprise et l'après-dirigeant. D'ailleurs, comme vous n'êtes plus rien, plus personne en réalité, vous n'aurez même pas de solde de tout compte, ni de certificat de travail, ni même d'attestation Assédic, rien !

Ces 11 années, pour lesquelles vous avez tant sacrifié, se sont envolées comme si elles n'avaient jamais existé.

Vous pourrez éventuellement demander une allocation qui se nomme « subside », mais elle est au bon vouloir de votre mandataire ou du juge commis, mais ne vous attendez pas à plus d'un mois de salaire !

Pour ma part, je n'ai eu que 1 500 € pour quatre mois de travail environ. Faites le calcul, c'est moins que le RSA. C'est très étrange cette sensation, comme si le système voulait nous punir d'avoir échoué, alors que le travail des mandataires est de s'occuper des entreprises qui ont échoué.

Quand vous passez d'un salaire à plus rien du jour au lendemain, cela vous plonge dans une grande précarité que vous n'auriez jamais pu imaginer.

Pourtant, vous avez été là, présent, avez pris vos responsabilités, répondu aux questions posées, apporté tous les éléments qui aident pour la suite de la procédure, mais finalement, pour n'en avoir aucun avantage.

À cette convocation de demande de subside, vous êtes assis là, à devoir défendre votre cas, à devoir expliquer que c'est vital pour tout un chacun d'avoir un salaire. C'est encore une fois une sensation désagréable.

Voilà ce qu'il vous restera de votre société : vos bons et mauvais souvenirs.

Le top départ de votre liquidation est lancé ! Vos créanciers ont ainsi un délai de deux mois pour déclarer leur passif ainsi que les dettes que vous leur devez.

Attention, si vous êtes un bon élève, vous ne devrez pas avoir trop d'erreurs entre ce que vous avez déclaré et ce que les créanciers déclareront. Mais la belle surprise que vous aurez est que tous ceux à qui vous ne devez pas d'argent vous en réclameront !

Et je vous épargne les organismes sociaux envers lesquels, vous ne savez pas par quel miracle, vos dettes se sont multipliées par deux.

La bonne nouvelle, c'est que votre mandataire vous laissera l'opportunité de le vérifier et de vous exprimer si vous n'êtes pas d'accord, mais que vous liquidiez avec 10 ou 100 dettes, cela change-t-il quelque chose ? Ça change pour la suite de la procédure pour votre responsabilité de dirigeant, mais votre peine a-t-elle un prix ?

Je me souviens du jour où j'ai été convoquée pour la vérification de créance, étonnamment, c'était aussi un mardi, je crois que j'en suis venue à détester ce jour de la semaine. Ma convocation était sur une journée et demie, je me suis demandé ce que je ferais pendant ces journées, car je comprenais pourquoi il fallait autant de temps, mais quand je me suis assise et que j'ai vu ces quatre dossiers posés sur son bureau, j'ai compris que nous allions vérifier chaque créance une à une. J'avais ce tableau récapitulatif énumérant les noms de mes créanciers, les montants que j'avais déclarés, les montants que les créanciers avaient déclarés, et certains que je ne connaissais même pas.

L'exercice commence, chaque créance porte un numéro d'identification et, dans une pochette, il y a tous les documents s'affairant à cette créance. Quand je suis d'accord, je note « Bon pour accord », quand je la conteste, je note « Contestée » et le motif. L'exercice a bien duré une journée et demie, et la femme en charge de ce processus était douce, et maîtrisait parfaitement son travail, elle a même pris le temps de bien m'expliquer la marche à suivre.

Ce que j'ai retenu à la fin de ma journée était enrichissant, ma société était plus endettée en étant liquidée qu'en activité, vous connaissez la cause : les crédits-baux, les pénalités ou indemnités de résiliation, c'est souvent plus cher que le montant de la dette de base, c'est impressionnant. Ils vous comptent les loyers restant à échoir de la durée de votre contrat, plus indemnités de résiliation. Vous retrouverez ce type de créance pour les véhicules, les photocopieurs, la location de matériel informatique, ainsi que tout type de contrat en crédits-baux, et vous ne pouvez rien contester, tout est contractuel, donc légal. Mais si un jour mes créanciers sont réglés par actif de la liquidation, ils auront perçu des loyers sur des années où la société n'était plus en activité. Je trouve que beaucoup d'anomalies existent dans le système, ça ne devrait pas exister, si la société est liquidée, seules les échéances impayées devraient être dans le passif, rien d'autre.

Elle me remit aussi une attestation, elle commençait par : Je soussigné Madame Nathalie Venet agissant en qualité de Dirigeante. Mais l'endroit où je devais poser ma signature était mentionné par le terme Es-qualité de Dirigeante. C'était la première fois que je voyais cette mention à côté de mon nom, ça m'a fait comme un électrochoc, comme si une page se tournait, c'était écrit.

Le fait que vous n'ayez plus de repères, que vous soyez perdu dans vos souvenirs, et que vous baigniez dans vos larmes, finalement toutes ces émotions ont-elles un prix ? Pour ma part, la liquidation est intervenue, mais avant cet événement, j'ai eu l'impression d'être dans un jeu de Monopoly.

La case d'avant un redressement judiciaire est toujours le mot «judiciaire» qui revient à la charge ! D'ailleurs, on vous fait espérer que, dans cette case, vous pourrez toujours avoir l'opportunité de présenter un plan de continuation !
Pour ma part, le destin ne m'en laissera pas le temps, car moins d'un mois après le redressement, la liquidation a été prononcée.

De toute manière, même pendant le redressement, votre société ne vous appartient plus. En général est nommé un administrateur qui devient le représentant légal de votre structure et qui décide de tout à votre place. Il a même le pouvoir de ne pas vous verser de salaire alors que vous êtes tous les jours présent et que vous continuez à travailler.

Si vous aviez fait cela avec un salarié, cela s'appellerait du travail dissimulé, mais votre administrateur s'octroiera le droit de le faire. À sa décharge, il y a des textes de loi qui l'autorisent à procéder ainsi. Le monde d'après est un monde très étonnant.

Dans aucun des deux mondes, vous ne trouvez les mêmes interlocuteurs. Le monde d'après sera le monde de la fin !

Une fois que votre société n'a plus de vie, vous serez confronté à un mandataire judiciaire, ou à un administrateur judiciaire, ou encore à un commissaire-priseur. Tous ces dignitaires sont dignes d'une série à rebondissements. Vous aurez aussi des avocats, et vous découvrirez que chaque avocat a sa spécialité.

J'avais et j'ai une équipe de choc, l'équipe GKA PARIS, que je vous présente :

– Vous avez Gilles :
Comme l'initiale de son prénom, Gilles gérera vos contentieux, vos procédures collectives. D'ailleurs, pour Gilles, je suis une extraterrestre.

Gilles est habitué à avoir des clients qui vont le solliciter pour les aider dans les démarches de procédures collectives.

J'étais allée voir Gilles en lui demandant de m'aider à sauver ma société et il l'a fait. Grâce à Gilles, nous avons eu un sursis de quelques mois. Vous le verriez en audience, il connaît tout, et a réponse à tout.

Il est le meilleur acteur que vous pourriez avoir la chance d'avoir à vos côtés. Toutes ces audiences au tribunal ont toujours un côté très théâtral : « On se lève, on s'assoit, et on fait l'appel, la greffière, le président du tribunal, les juges et le procureur. »

D'ailleurs, vous apprendrez que le procureur est la dernière personne qui prendra la parole et vous n'aurez pas le droit de parler après lui.

Je dois avouer que c'est un peu frustrant de ne pas pouvoir répondre à ses commentaires. Vous êtes là à l'écouter en ayant toutes les réponses que vous auriez voulu lui apporter, qui défilent dans votre tête sans pouvoir ouvrir vos lèvres, chacun à sa place, avec ses tenues et ses longues robes. Si un jour vous devez offrir un cadeau à Gilles, achetez-lui une agrafeuse, il les aime extra-plates pour qu'elles s'insèrent bien dans sa mallette. Les pochettes et les notes de Gilles sont toujours pleines de pense-bêtes de couleurs. Il était capable d'anticiper toutes les questions et/ou toutes les réponses du tribunal. Il pouvait en quelques secondes se rapporter à telle ou telle page pour envoyer ses arguments.

– Dans l'équipe, nous avons également son associé Patrick, et comme la première lettre de son prénom, Patrick vous protégera de vos éventuels problèmes pénaux. En effet, quand une société est liquidée, votre responsabilité peut être mise en cause. Patrick saura alors vous protéger, vous conseiller et vous défendre. Les avocats pénalistes ont une manière spécifique de plaider, dans leur posture et dans leur intonation qui est très grave.

C'est drôle, quand vous êtes en audience et que vous observez tout ce petit monde, tous ces intervenants, je vous assure que vous avez le sentiment de regarder une série policière, car jamais je n'aurais pu penser vivre cette situation.

Le CABINET GKA PARIS est le meilleur cabinet pour répondre à vos besoins. Vous voulez que je vous dise quelles étapes et quelles décisions sont les plus compliquées ?

Celles où vous devez donner votre avis sur la société qui récupérera vos actifs et vos contrats. Ce en quoi vous vous êtes battue toute votre vie !

Il y aura un appel d'offres où tous les mangeurs de viande fraîche candidateront. Évidemment, vous n'avez pas le droit de rejouer une partie, vous serez là à détailler chaque offre des candidats. Ces mêmes candidats qui, il y a peu de temps, étaient vos concurrents, et sur lesquels vous devrez donner votre avis. Mais le pire dans l'histoire, c'est que la totalité de votre actif se vendra à un prix tellement dérisoire que, comme si vous étiez dans une grande solderie tout à 1 euro, de toute manière vous n'avez pas le choix. C'est la procédure classique, on ne peut pas tout révolutionner ! Ce serait tout un système qu'il faudrait reconstruire.

Vous serez à pied, vous aurez rendu votre véhicule professionnel. Mais on n'a plus où aller dans l'immédiat et ce n'est pas trop la priorité. Au début, vous penserez que comme vous n'avez plus rien, pas même une voiture pour vous déplacer, votre moral sera au plus bas.

Vous vous sentez rajeuni et vous vous retrouvez comme au lendemain de votre permis, avec le Graal en mains, mais sans voiture. Drôle de sensation, tout de même !

Vos effets personnels seront dans deux cartons. Des souvenirs auxquels vous vous raccrocherez avec des stylos publicitaires et des tapis goodies au nom de l'entreprise. Comme si vous aviez l'impression que vous deviez avoir ces souvenirs pour vous rappeler que cette période de votre vie a bel et bien existé.

Vous vous rendez compte à quel point vous avez besoin de la matérialiser.

Vous aurez aussi quelques cadeaux souvenirs que vos salariés vous ont offerts à vos anniversaires. La tasse SUPER BOSS, la pancarte QUAND LE BOSS PARLE ON SE TAIT, et beaucoup d'autres articles de ce genre.

La vie de votre société se retrouvera, elle aussi, dans une trentaine de cartons, dont les trois dernières années de vie.

La bonne nouvelle est que vous n'avez pas à les faire, c'est une société d'archivages spécialisée désignée par votre mandataire judiciaire qui se chargera de cette étape. Elle emballera et répertoriera le tout sur une feuille et elle enverra le tout en archivage.

N'attendez pas non plus que vos salariés, enfin ex-salariés, vous contactent ou prennent de vos nouvelles. Vous passez plus de temps avec eux qu'avec vos proches, vous les connaissez depuis des années, vous les avez fait grandir professionnellement, mais personne ne prendra de vos nouvelles. Au départ, vous leur en voudrez, puis très vite vous comprendrez que c'est logique ! Parce qu'ils ont, eux aussi, besoin de reconstruction, d'avancer, de couper court, et de ne plus vivre dans le passé tout simplement.

Ils souffrent aussi, il ne faut pas les oublier ! Ils étaient investis comme vous chaque jour, et ils donnaient le meilleur d'eux-mêmes. Pour eux aussi, cette situation, ils ne l'ont pas choisie, ils l'ont subie !

Ils auront besoin comme vous de faire ce qui s'appelle la courbe du deuil schématisée par neuf temps : le choc, le déni, la colère, la peur, la tristesse, l'acceptation, le pardon, la quête de sens renouveau, et la sérénité croissante. Cette courbe a deux phases : la phase descendante et la phase montante. Quand vous arriverez au point de schématiser par la chute, c'est le début de l'acceptation où l'on commence à prendre conscience qu'une page se tourne et que c'est le moment d'en ouvrir une autre.

C'est là qu'arrive la phase montante, cette durée variera en fonction de l'ascenseur émotionnel, de leurs expériences, ou encore de leur sensibilité.

Soyez indulgent, pensez à eux !

Nous étions une entreprise familiale à taille humaine, tout le monde se parlait et s'entraidait. Nous connaissions les détails de vie des uns des autres, et avions des rapports beaucoup plus proches que ceux de patron/salariés. Chacun avait conscience de son rôle, de ce que l'entreprise attendait de lui. Pour certains, ils s'investissaient comme si c'était leur entreprise.

Je me rappelle que quand nous avons démarré, nous étions deux à nous partager un bureau. Nous avons terminé avec plus de 400 m² de bureaux et d'entrepôts, et nous avons déménagé deux fois.

Nous avons grossi peut-être trop vite comme certains peuvent le dire, mais le marché était là, les clients aussi, alors il n'y avait plus qu'à pour que tout fonctionne.

La photo finale des salariés de notre entreprise était quasiment la même que celle prise après quelques années d'existence. Nous avions très peu de turn-over. J'étais à l'écoute de mes salariés. C'est toujours compliqué de faire le distinguo entre le social et le travail, mais à leurs yeux, j'étais une bonne dirigeante !

D'ailleurs, ils m'ont accompagnée jusqu'au bout, et nous y avons tous cru ensemble. Personne ne pouvait s'imaginer que l'aventure se terminerait ainsi et si vite. Dans mon entreprise, j'ai embauché mes proches, mon entourage familial, j'ai rrégulièrement pensé qu'à poste équivalent, il valait mieux embaucher un proche.

D'autres pensent que ce n'est pas constamment une bonne idée, de faire des reproches et remontrances à un membre de votre famille. Au bureau, vous les appelez par leurs prénoms, mais dans l'ensemble, j'ai toujours réussi à faire la part des choses.

Ma difficulté était plus forte au moment de la liquidation. Vous culpabilisez encore plus, car vous avez votre propre effondrement, celui de vos salariés, et celui de votre famille. Ça fait beaucoup pour les épaules d'une seule personne !

Vous supportez la peine de votre microcosme dans votre chute. Tous ces foyers qui vont se retrouver sans emploi, au chômage, et pour qui, comme vous, une autre carrière professionnelle devra s'imposer !

Nous avions aussi des salariés qui avaient l'âge de la retraite, mais désireux de continuer à travailler. Pour eux aussi, la chute est raide.

Le dossier de retraite devant se constituer six mois avant le départ en retraite, ces salariés se retrouvaient du jour au lendemain sans rien, sans revenus, mais avec des charges à payer. Pôle emploi ne pouvait pas les prendre en charge, car ils avaient l'âge de la retraite.

Vous connaissez sûrement LINKEDIN, le réseau professionnel ? Telle une star sur Instagram qui aurait eu des centaines de followers, vous aurez en un mois 220 % de vues en plus. Les curieux ou tout simplement ceux qui vous pensent que vous êtes un robot capable de remonter une société sont comme des carnassiers.

Ils attendent que vous changiez de vêtements, telle une super-héroïne, venant même à vous profiler avec un seul but précis, savoir si elle a modifié son statut. Circulez, il n'y a rien à voir… !

Modifier, je le ferai, mais pour mettre quel titre ? En recherche d'emploi ?

Si le courage ne m'avait pas manqué, j'aurais actualisé en Chef d'entreprise Oubliée… Cela aurait-il satisfait les curieux ? J'en doute !

Je vais être très honnête et je vous ouvre mon cœur, je me suis retrouvée à profiler mes ex-salariés ; pas dans un but de curiosité, mais dans l'idée de me rassurer de voir que leur statut n'avait pas changé. Cela m'apaisait, et je me disais qu'on allait tous se revoir au travail comme avant.

Nos chemins se recroiseront sans doute un jour, mais sur de nouvelles aventures.

La profession de chef d'entreprise est l'une des plus dures à mettre en pratique et en responsabilités. Ce titre, tant convoité, est l'un des plus faciles à obtenir. Aucun diplôme et aucune formation ne sont obligatoires, ni même aucune qualification spécifique. On ne vous demande rien, ni même d'avoir des fonds.

Une société peut avoir un capital minimal de 1 euro. La première difficulté que vous rencontrerez sera de choisir le choix juridique de votre entreprise, comme si dès le début le but était de nous compliquer la tâche et de nous mettre à l'épreuve.

Neuf titres vous seront proposés : EI, EIRL, EURL, SNC, SCA, SA, SARL, SAS, et SASU ! Vous l'aurez compris, il vous faut les déchiffrer ! Chaque abréviation vous propose des exigences différentes, si nous avions tous la même, ce serait trop simple, non ?

Mais pas d'inquiétude, vous aurez le droit à l'erreur. Si le premier choix ne s'avère pas à votre goût, la possibilité d'en changer en cours de route vous sera proposée.

Les plus fainéants mettront en œuvre le process on/off (ouverture/fermeture), un peu comme la cuisson d'un plat qui n'aurait pas été à votre goût au premier abord. N'oublions pas que le nombre n'étant pas limité, vous en posséderez autant que vous voudrez.

En quelques clics, vous créerez et posséderez le titre tant convoité de Chef entreprise, de Gérant, ou de Président, mais peu importe ! Vous serez le grand vainqueur du numéro gagnant tant convoité à neuf chiffres : votre numéro SIRET !

C'est le numéro matricule de votre société, il vous suivra pendant toute la durée de vie de votre entreprise, enregistrée à l'ouverture pour 99 ans, enfin sur le papier, mais la réalité est tout autre…

Nous avions opté pour le choix SAS qui nous convenait le plus. Mais attention, car la complication avec ce statut, c'est que vous devez nommer un CAC, autrement dit un commissaire aux comptes. C'est cette personne qui viendra contrôler vos comptes. Il vous rédigera un superbe rapport où trois choix vous seront alors proposés : certification de compte, impossibilité de certifier et refus de certifier. Vous n'imaginez même pas.

Je vous laisse deviner quelles étapes vous aurez à surmonter si vous êtes dans l'une des deux dernières cases. Les vagues qui entourent votre bateau feront quelques mètres de hauteur et vous pourrez mesurer l'étendue de la situation.

Si vous vous entendez bien avec votre CAC, vous n'aurez aucun problème. Mais s'il vous prend en grippe, et même si vous lui répondez correctement, il vous submergera de questions encore et encore jusqu'à ce que vous craquiez.

C'est vous qui avez la charge de le nommer, alors je n'ai qu'un conseil, prenez un CAC que l'on vous conseille, renseignez-vous sur lui, et pour une fois, ne vous fiez pas à votre feeling !

Il risque aussi de ne pas être à la hauteur et il a du pouvoir. Ne pas avoir de comptes certifiés vous pénalise grandement sur la survie de votre entreprise, mais en cas de refus de certifier la bonne nouvelle, il démissionnera ! Ouf !

Vous ne l'aurez plus sur le dos ! Il n'aura pas le droit de le faire, néanmoins, il s'octroie le droit !

Attention, quand vous le nommerez, il sera en poste pour six ans d'exercices fiscaux. Alors, quand vous ne le supportez plus, je n'ai qu'un mot à dire, bon courage. Soufflez, respirez, et prenez sur vous, car vous n'avez pas le choix.

Je n'ai jamais privilégié le process on/off, et je me suis battue jusqu'à la fin. Jusqu'au bout, mon leitmotiv aura été : « J'ai tout tenté ! »

Vous trouverez de très nombreuses formations payantes, mais elles sont réservées à des profils bien spécifiques (bac +4/5).

Ceux qui suivent ces formations sont souvent ceux qui les rachètent, et rarement ceux qui les ont créées !

Bien généralement, elles sont horriblement coûteuses et pas nécessairement intéressantes, de toute manière, il faut de la pratique et la seule école qui vous le propose s'appelle : sur le tas !

Arrive mon étape tant redoutée, mon inscription à l'organisme Pôle Emploi. Je suis à la recherche d'un emploi, sans emploi tout simplement.

Des pages entières d'informations à renseigner, des explications à donner, mais par où commencer ? Cette étape vous replonge dans cette douloureuse réalité, elle vous rappelle qu'il y a seulement quelques mois, c'est vous qui vous connectiez sur ce site comme employeur à la recherche de la perle rare.

Comme si l'expression « la roue tourne » avait pris, tout à coup, tout son sens !

Questionnaire rempli, c'est très chouette ! Je suis détentrice de mon numéro gagnant de demandeur d'emploi. Je suis passée du numéro gagnant SIRET au numéro de demandeur d'emploi !

Youpi ! Et comme si le destin et l'univers n'avaient pas fini de s'acharner, vous voudriez lui crier STOP, donnes-en un peu aux autres ! STOP, je ne suis pas seule sur cette Terre ! STOP, c'est trop, je n'en peux plus ! STOP, j'ai plus de force ! STOP, je suis à bout !
Et vous recevez la lettre qui vous annonce que vous ne serez jamais indemnisé !

Que votre inscription est bien prise en compte, mais que vous ne percevrez aucune indemnité. Vous lisez ce courrier encore et encore pour comprendre chaque mot, et pourtant la résonance est la même : vous n'aurez aucune indemnité !

Cela signifie que vous n'avez déjà plus rien et que vous n'aurez même plus de quoi vivre. L'ironie du système, vous n'y croyez pas ? Pendant votre période de chef d'entreprise qui se matérialise sur de nombreuses années, vous avez cotisé tous les mois pour vos salariés à différentes caisses. Vous avez joué le jeu, vous avez embauché et tout mis en œuvre pour assurer la protection sociale de vos salariés. Cependant, en tant que chef d'entreprise de ce système, aucune caisse ne vous versera d'allocation.

La colère m'envahit avec les mots : injustice et système pourri !

Comment comprendre que nous avons tout donné et que nous devons partir sans rien ? Pour certains chefs d'entreprise, ceux que le système aura encore plus anéantis, le terme « plus rien » aura encore plus de sens.

Connaissez-vous le terme « caution » ? Un terme qui est utilisé quand vous avez besoin de vous impliquer plus dans votre entreprise. Que vous y croyez tellement fort et que vous pouvez tout lui donner, jusqu'à votre caution. De toute manière, on nous la demande tant de fois, qu'un découvert, un prêt ou même un échéancier peuvent paraître anodins !

Le système ne vous laissera pas de choix, vous vous serez battu pour que votre entreprise soit comme une lionne qui couve ses petits pour qu'à la finale, rien… Oubliés du système, nous chefs d'entreprise sommes les oubliés du système !

Alors, quand vous réaliserez très vite qu'il y aurait pu y avoir une solution qui aurait permis de subvenir à vos besoins vitaux temporairement et une allocation mensuelle à laquelle vous auriez pu adhérer, vous serez en colère ! C'est l'assurance chômage du dirigeant. Oui, chers amis, vous avez bien lu que dans la même phrase nous avons les mots « chômage » et « dirigeant ».

Ça vous parle ? Oui/Non, la réponse, peu de personnes en connaissent l'existence tout simplement. Nous étions juste mal conseillés ou bien mal informés. Mais ce défaut de conseils vous projette aujourd'hui dans un désarroi total.

Aujourd'hui, ça doit changer, je prends la décision de faire bouger les choses comme un devoir et une mission qui m'appellent. Le système doit être équitable pour tous !

Nous avons travaillé tellement dur au prix de trop nombreux sacrifices. Il n'est pas concevable de n'avoir plus rien, au point de plus pouvoir s'acheter une baguette de pain, juste pour un défaut de conseils !

Même si l'idée qui m'apparaît est complètement excentrique, une pure folie pour ceux qui n'ont pas la chance de me connaître, car pour les autres, ils savent que rien ne m'arrête.

Je n'écoute que mon instinct, et en ma qualité de chef d'entreprise, je reprends le dessus : ma décision est prise !

Je décide alors, sans perte de temps, d'écrire au gouvernement, même si quelques pensées négatives me traversent l'esprit : ton courrier ne sera jamais ouvert, il sera mélangé à la centaine déjà reçue. Connaissez-vous l'expression « Qui ne tente rien n'a rien » ?

Combien de fois l'avons-nous mise en pratique dans notre quotidien ? C'est dans nos gènes, je vais et je dois faire bouger les choses pour que plus un seul chef d'entreprise soit un oublié !

Pour ne plus qu'un seul chef d'entreprise sombre dans le désespoir parce qu'il ne lui reste plus rien. Nous n'avons déjà plus de repères, et vous nous retirez notre dignité !

Nous ne sommes plus capables de protéger nos familles, de les nourrir, de régler nos échéances de maison, ni même la cantine de nos enfants !

Combien sont seuls ? Sans mari ni épouse ?

STOP !!! ÇA SUFFIT !!! C'EST TROP ! Vous devez penser à nous, monsieur LE MINISTRE !
Je vais me battre, avec pour seule volonté y arriver !

Il est vital pour nous, chefs d'entreprise oubliés, que vous fassiez voter une loi qui obligerait chaque dirigeant à souscrire un contrat d'assurance chômage le protégeant au même titre que les assurances décennales ou civiles de l'entreprise.

Vous devez faire voter la LOI VENET : loi qui donne droit et obligation à tout chef d'entreprise de souscrire à l'assurance chômage du dirigeant.

Je poste mon courrier avec beaucoup d'espoir, car ce sujet d'actualité nous rattrape tous un jour. Ce soir, je me coucherai avec le sentiment d'avoir fait bouger les choses. D'ailleurs, je m'interroge sur une petite chose que je devrais vérifier.

Nos ministres du Travail ont-ils déjà été d'anciens chefs d'entreprise ? Je note cette question qui m'apparaît à l'esprit afin d'en chercher la réponse !

Inscrite au Pôle Emploi en tant que demandeur d'emploi et comme mon nouveau titre l'indique, je recherche un emploi. Alors comment fait-on pour rechercher un emploi ?

Quand c'est vous dans votre dernière fonction qui proposiez de l'emploi il y a seulement quelques mois... Je dois rédiger mon CV. Première question : que vais-je inscrire dessus ?

Comment résumer 11 ans sur une feuille A4 ? Comment expliquer toutes les compétences du chef d'entreprise que je possède en quelques lignes ?

Et à la case Diplôme, on met quoi ? Où est mon diplôme qui rattache mes compétences professionnelles ? Où est ma validation des acquis de l'expérience ? Je ne la possède pas.

Pourtant, j'ai la théorie et la pratique. Comment vais-je pouvoir expliquer sur une feuille A4 que je sais diriger une société, et que je possède toutes les qualités d'un dirigeant ?

Alors, il me prend l'envie irréaliste de réclamer ma VAE. Cher monsieur le recteur de l'académie, vous avez bien lu, je désire l'équivalence de mon expérience avec un diplôme !

D'ailleurs, quel serait-il ? Nous allons demander que soit publié le diplôme du docteur en gestion d'entreprise ou 10 années, c'est bien docteur le grade, non ?

Me voilà en pleine rédaction de mon CV, à me souvenir de ce qui m'agaçait sur les dizaines de CV que je recevais : pas de photos, trop encadré, mal rédigé, et beaucoup de fautes d'orthographe.

Nous manquons d'objectivité sur nous-mêmes et nous sommes rarement notre auto-critique. Je me lance, la trame étant faite, il est déposé sur la plateforme. Étape passée, je suis soulagée, je vais enfin pouvoir être vue par des recruteurs, mais rien ne m'arrête, je fais la demande au rectorat, je mérite mon diplôme...

Qui dit diplôme dit récompense, non ?

Alors pourquoi n'existerait-il pas le défi des 100 meilleurs chefs d'entreprise de l'année ?

Un défi qui aurait pour but de récompenser les 100 meilleurs chefs d'entreprise, en fonction des étapes qu'ils auront réussi avec succès à surmonter dans l'année, avec un questionnaire détaillé à remplir quelques anecdotes, des témoignages de salariés, et on aurait tout à gagner !

Notre concours des 100 meilleurs chefs d'entreprise existerait. On pourrait imaginer ce concours avec plusieurs classements par rapport aux chiffres d'affaires et au nombre de collaborateurs.

Les candidatures sont ouvertes pour l'année 2022, car 2021, j'ai la chance d'être la grande gagnante de ce concours, je m'autoproclame le vainqueur ! Si je ne pense pas à moi, qui le fera ? Alors, je vais aller m'acheter la panoplie de la première de la classe.

Une belle coupe dorée avec une magnifique plaque gravée à mon nom, ainsi qu'une écharpe digne d'une miss France. Je suis si fière de moi, d'avoir gagné ce trophée !

Vous avez raison, j'étais seule, sans concurrents, et si vous aviez vécu à mes côtés cette année, je crois que sans difficulté vous m'auriez élue dès le premier tour.

À mon actif sur ma période de dirigeant, j'ai traversé avec l'aide de mon bateau, dont j'étais Nathalie la Capitaine, 11 destinations différentes. Au début, vous naviguez sur des destinations pas très lointaines, mais avec les années, vous avez plus d'expériences, de confiance et de maîtrise. Vous naviguez avec vos souvenirs et expériences, bonnes ou mauvaises, des années précédentes. Plus on avançait dans les années, plus elles ont eu un goût épicé, sachant que ma dernière destination a été aux saveurs de l'Inde, très épicée au mir-chi.

Savez-vous que c'est le pays qui mange le plus épicé au monde ? C'est très ironique, car c'est l'Inde qui possède également la meilleure plante anti-stress au monde : l'ashwagandha !

Cette dernière année a été la plus dure, la plus rude, et la plus amère que j'exercerais.

Accompagnée de mes 50 collaborateurs et d'une centaine de sous-traitants : un process levé de fond, deux contrôles fiscaux, deux contrôles de TVA, un contrôle Urssaf, six présentations au tribunal de commerce, une conciliation, un redressement et une liquidation.

Et encore, je ne vous détaille pas toutes mes victoires au quotidien. C'était ça mon parcours de chef d'entreprise. Il faut bien que je finisse en beauté ma grande expérience de chef d'entreprise, en tant que gagnante de l'édition 2021.

Si vous me demandiez de faire un discours, il se terminerait par : « Malgré les difficultés rencontrées, la douleur, la peine et la tristesse, je recommencerais, car ce fut une expérience unique et bouleversante, qui valait la peine d'être vécue. »

Il est temps de reprendre les choses sérieuses, parce que c'est la catastrophe. Les jours passent et je postule à quelques offres d'emploi, enfin celles qui me correspondent le plus. Après, chef d'entreprise, c'est assez compliqué de rentrer dans la case parfaite de l'emploi qui nous conviendrait.

Je m'inscris sur quelques sites de chasseurs de têtes. C'est le terme pour tous ceux qui cherchent des chefs d'entreprise ou dirigeants sur des postes à hautes responsabilités.

Je passe quelques entretiens téléphoniques, je me dis que la première étape est franchie, mais rien n'aboutit.

De toutes les manières, cela est impossible, comment en si peu de temps vous pouvez passer à autre chose, alors que dans votre esprit vous n'avez même pas réalisé que c'est fini ? Même si vous n'en avez pas pris conscience, tout autour de vous, tout vous le rappelle.

Vous n'avez plus besoin de vous lever, plus de rendez-vous, pas besoin de vous préparer ni de vous maquiller. Votre téléphone ne sonne plus, à croire que vous êtes dans un endroit où il n'y a pas de réseau !

Vous êtes là à tourner en rond sans but, comme si vous étiez dans une roue, en jogging, les cheveux attachés, à faire semblant de sourire. Vous regardez une série, puis les jours passent et vous rentrez dans un schéma de routine. Mais le plus dur n'est pas là. Le plus dur pour moi, c'est de dépendre de mon mari !

Tout le monde vous dirait que c'est normal que c'es le schéma classique d'un couple. Mais quand vous avez toujours été indépendante et autonome depuis votre plus jeune âge, que vous êtes une des rares femmes qui règlent une pension alimentaire classique mensuelle, et que vous avez toujours tout assumé, c'est difficile. Vous n'avez rien à attendre des autres et vous ne pouvez compter que sur vous-même, et c'est l'une de mes plus grandes souffrances.

En tant que chefs d'entreprise, nous possédons l'ADN des personnes qui ne portent pas l'ADN de se faire porter. Je suis là sans cesse à me dire qu'il faut que je trouve une solution, que ça ne peut plus durer et que je ne veux plus. Pourtant, mon mari me rassure comme il peut, il essaie d'être présent pour moi au détriment de tous, comme pour me montrer qu'à cet instant, je suis sa priorité. Il ne désire qu'une chose, mon bien-être !

Malgré tous ces efforts, je le vis mal !
Avec la sensation de crever de l'intérieur, comme si on était en train de m'asphyxier. Le sentiment d'être un gros boulet !
Je me rappelle lui avoir dit : « Pardon chéri, je suis désolée, je suis devenue un boulet ! » Il m'a regardé avec son petit sourire en coin et m'a dit : « Arrête de dire des bêtises, petit boulet. » Il est toujours étonnant, avec une pointe d'humour quand le désespoir m'envahit.
J'ai un mal-être certain, parfois des idées un peu noires peuvent me traverser la tête, c'est normal, non ? On ne peut pas d'un coup de baguette magique tout effacer !

J'ai droit moi aussi à ma courbe de deuil !
Je me sens totalement désorientée, dans un désert et sans boussole.
J'étais celle qui avait continuellement un but, et là, je suis sans repères et sans direction assistée.
En un instant, mon corps va subir une transformation animalière des plus surprenantes, je deviens un chacal. Pour comprendre, vous devez savoir qu'en chacun de nous, nous possédons un chacal et une girafe. Il est vrai que j'aurais pu ouvrir un zoo, mais n'oublions pas qu'une des grandes qualités du chef d'entreprise est l'adaptabilité.

Langage girafe	Langage chacal
Je reconnais l'existence d'un choix	**Je nie l'existence d'un choix**
Je choisis de, je veux, je peux, il y a de nombreuses possibilités pour répondre aux besoins	Je dois, il faut, je ne peux pas, il n'y a qu'une seule possibilité…
J'ai une impression d'abondance	**J'ai une impression de rareté**
Il y a assez pour tous si nous partageons, on peut satisfaire les besoins de tous, c'est toi et moi	Il n'y en a pas assez pour tout le monde, on ne peut pas satisfaire les besoins de tous, c'est toi ou moi
J'observe et j'exprime	**J'évalue et je juge**
Je vois, j'entends, je me rappelle	Voici ce qui s'est passé…tu es trop, il est idiot,…
Je prends la responsabilité de mes sentiments et de mes besoins	**Je fais des reproches aux autres et à moi-même**
Je me sens…parce que j'ai besoin…	Je me sens … parce que tu …
Je demande ce que je voudrais	**J'exige**
Voici ce que j'aimerais, si tu es d'accord	Tu dois…si tu ne le fais pas…
J'écoute avec empathie	**J'écoute de manière sélective**
Est-ce que tu te sens… ? Parce que tu as besoin … ?	Je suggère, je fais la leçon, je débats, je résous, j'analyse.

Source : « Parents respectueux, enfants respectueux » de Sura Hart et Victoria Kindle Hodson

    Toutefois, pour une raison inconsciente que je ne maîtrise pas, indépendante de ma volonté, je suis mal, et je suis devenue une testeuse de produits homéopathiques ambulante.

    Tout y passe : les bonbons gommes antistress, les chewing-gums relaxants à base de chanvre, une petite boîte à base de roll-on aux huiles essentielles bergamote, mandarine, orange, qui dit mieux ?

    Mon environnement, un marché floral : Lucky bambou, Rhodiola, l'aubépine, la mélisse, l'herbe-aux-chats, non, je n'ai pas de chat, c'est le nouveau nom du thé vert antistress, régime culinaire antistress ; bienvenue aux fruits secs : raisin, abricot, figue, et malgré tout cela, ça ne va toujours pas !

    Vous vous éclairerez à la bougie végétale parfumée à la Palmarosa et Bois de ho. On vous conseillera même d'écrire un journaling, le nouveau nom à la mode du journal intime, mais aucun intérêt, car vous n'avez rien à raconter. Vous ne faites rien, vous l'aurez compris, je vais mal, et je ressens toujours ce vide.

Ma boîte à bijoux se transforme en boîte à pierres précieuses, enfin plutôt de superbes cristaux : quartz clair, améthyste, sodalite, aventurine, œil-de-tigre, cornaline, jaspe rouge, j'en possédais sept comme les sept chakras, d'ailleurs, j'aurais pu à ce moment précis me reconvertir en thérapeute énergétique.

Vous ne pouvez pas imaginer tout ce que j'ai appris sur ces cristaux, comment les utiliser, et comment les recharger en énergie. Petite astuce, vous devrez les faire tremper toute une nuit pour qu'ils se ressourcent en énergie et les utiliser de plusieurs façons.

Devenue moitié magicienne, je buvais ma potion magique tous les jours. Je prenais ma jolie pierre verte, l'aventurine, je la mettais à tremper une heure à la lumière et buvais l'eau afin d'apaiser mes émotions. Je ne sais pas si cela a fonctionné ou si c'était psychologique, mais je ressentais un apaisement.

Je prenais mon bain avec toutes mes petites pierres de compagnie, une poignée de sel de la mer morte et quelques touches d'huiles essentielles de lavande. D'ailleurs, vous apprendrez que le mot « lavande » vient du mot latin lavandula issu du verbe latin lavage qui signifie « laver ».

Ma moitié sorcière écrivait sur une feuille mes émotions négatives que je ressentais. Je la pliais et mettais un verre d'eau posé dessus une nuit entière. La fameuse technique du verre d'eau !

J'ai également fait les petits bonshommes allumettes, je me dessine et dessine le rectangle de mes émotions négatives, je relie les sept chakras, je fais plein de rayons de lumière et je coupe la feuille afin de couper mes émotions négatives. Je me surprends même à écrire une lettre à l'univers : la lettre de la libération, pour lui demander de l'aide. Rien n'y fait, j'ai tout essayé, tout tenter, tout acheter, et je ressens toujours ce vide. Je suis là, à googliser toutes les nouveautés bien-être, je veux juste aller mieux, retrouver un peu de moral, un peu de sourire, et je découvre «l'accès bars». Je vous rassure, ce n'est pas un bar, c'est un soin énergétique, on pourrait comparer cela à un soin capillaire.

La praticienne active par un toucher doux de 32 points de notre tête comme des connexions électromagnétiques. J'ai pratiqué ce soin avec Sylvia Joy.

Lors de ma première séance, elle avait mis sur sa télé un feu de cheminée. J'ai trouvé cela drôle, car nous entendions les crépitements du feu, mais surtout, j'avais l'impression qu'une chaleur sortait de la télé.

C'est vrai qu'en sortant de la séance mon visage était illuminé et éclatant. J'avais plus de recul sur la situation, cependant, je n'arrivais pas à remonter la pente !

En allant dans une épicerie de mon quartier, je découvre le neurofeedback, vous l'aurez compris, je suis prête à tout essayer et mon regard se pose dès qu'il voit «la nouveauté du moment».

Je découvre un prospectus bleu et je prends rendez-vous avec Sandra Gillot, praticienne de médecines alternatives, et là, je découvre un univers avec des méthodes de pratique que je ne connaissais pas.

Le rendez-vous avec Sandra est pris, je commence mon super forfait ! On discute et en quelques minutes, je me retrouve avec des capteurs posés sur mon crâne et des écouteurs.

À chaque fois que j'entends un buzz, cela signifie que mes neurones se replacent, il faut plusieurs séances pour voir les effets.

Pour ma part, ce que j'aimais avec Sandra, c'est qu'elle a vu mon mal-être et m'a pris dans ces priorités. Elle était accessible et les séances m'ont permis d'acquérir une certaine confiance en moi et un certain lâcher-prise. Rien n'est facile !

Vous aurez compris que toutes les thérapies ou les techniques ont un coût financier, parfois important, mais votre vie et votre bien-être ont-ils un prix ?
Je veux juste aller mieux même si je dois me priver.
Je veux retrouver cette fille rayonnante que j'étais, cette fille qui pétillait, qui rigolait, qui ne pleurait que rarement, mais elle a disparu avec la liquidation de sa société.
Pourtant, mon entourage fait ce qu'il peut.
Marco nous organise des sorties en famille et des week-ends détente.
Cependant, mon esprit n'est jamais apaisé ou rassasié.
Je finis par penser que je ne m'en sortirai pas et que je serai condamnée à vivre avec ce nouveau moi.

Un jour d'automne, comme si le destin avait écrit dans les cieux, je la laisse tranquille, elle a droit à sa deuxième vie, à sa deuxième chance. Je fais une rencontre des plus magiques, la rencontre qui donnera tout son sens à mon existence et à mon mal-être.

J'étais enfin arrivée à la phase montante de la courbe de mon processus de deuil. Quel soulagement ! J'avais enfin peut-être trouvé toutes les réponses aux questions « pourquoi ? » Après tout, le destin ne pouvait pas me faire vivre une situation que je n'aurais pas su gérer ! Je devais me battre et vaincre tous les fantômes.
Il y a bien une expression qui dit qu'un professeur n'interroge jamais ses élèves sur une leçon qu'ils ne connaissent pas. Le des-

tin savait à ce moment précis que j'étais capable de surmonter cette épreuve. Cette femme que l'univers avait mise sur mon chemin et ce hasard qui n'en était finalement pas un.

Cette rencontre avec une femme extraordinaire se prénommant Julia et à qui je dois beaucoup. Comme si le destin me rendait un peu de ce que j'avais pu lui donner dans ma vie d'avant. Julia était la femme de la conjoncture, celle qui pouvait me permettre de passer ce cap.

Nous avions beaucoup de similitudes, et nous aurions pu être sans difficulté des jumelles chefs d'entreprise. Avec beaucoup de choses en commun, beaucoup d'épreuves, des parcours de vie différents, et beaucoup de similitudes.

À ce moment précis, Julia est mon héroïne ! J'ai omis de vous préciser que Julia est coach spécialisée en dirigeants d'entreprise. Enfin une personne qui peut nous comprendre et qui maîtrise les difficultés de notre château intime : notre cerveau !

En tant que dirigeants d'entreprise, nous sommes tous un peu formés au métier de coach, nous sommes formés à différentes techniques de management, mais coacher des chefs d'entreprise qui ont perdu l'intégralité de leurs repères vitaux, je peux vous certifier que cette tâche n'est absolument pas facile !

Julia, winneuse dans l'âme, s'occupe de moi comme d'un défi qu'elle doit relever. Elle me rassure et m'apaise. Elle me dit : « Si je m'occupe de toi, ensemble, nous vaincrons. »

Et me voilà reparti vers un challenge qui portera l'expression : je dois et je vais m'en sortir, revivre et aller mieux !

Au fond, la seule qui détient la clef de mon bien-être, c'est moi ! Il faut juste que je la trouve...

Nous commençons nos premières séances à raison d'une tous les quinze jours. Il faut laisser le temps à la séance de prodiguer ses effets inconscients. Je me répète sans cesse, tu vas et tu peux le faire ! Ne lâche rien, tu vas gagner ce nouveau défi de la vie !

Après avoir fait nos séances évaluations, Julia avait tout analysé, elle avait élaboré son plan d'attaque, préparé le planning de nos futures séances et élaboré nos futurs ateliers.

Julia n'est pas en terre inconnue, ce que je vis, elle le maîtrise parfaitement, nos cerveaux n'ont plus aucun secret. Même pas peur… !

Julia avait plusieurs techniques et les premières séances portaient sur mon passé afin de mettre en phase ce que j'avais pu faire avant. Difficile d'avancer si le passé n'est pas posé, donc nous avions effectué quelques exercices du type : moi, Nathalie, j'ai déjà dépassé tout ça…

Et j'énumère pendant trois petites minutes tout ce qui me passe dans la tête, ce que je ressens, et ce que je visualise. Un autre exercice également, qui consistera à s'ouvrir avec la phrase : « J'ai accompli tellement de choses dont je suis fière », et j'énumère toutes ces choses dont je suis extrêmement fière. Le but des exercices était toujours le même : tu peux et tu dois avancer sans ta société, parce que toi, Nathalie, tu existes sans elle !

Dans une séance, celle que j'appellerai la révélation ou la renaissance, Julia me demande de préparer des feuilles. Nous commençons alors plusieurs exercices, puis elle me dit que cet exercice est le dernier de cette séance : « Concentre-toi, nous terminerons dessus. »

Je suis attentive, me replonge à fond dans ma concentration.

Elle me dit : « Tu vas écrire : TANT QUE JE VIS, JE PEUX ENCORE… »

Julia me précise de ne pas lâcher mon stylo de la feuille, de ne pas mettre de ponctuation ni de majuscule, d'enchaîner les mots, et si jamais l'inspiration venait à me manquer, de dessiner, et ce pendant trois minutes.

À ce moment, je me dis que trois minutes ce n'est pas si long, sauf qu'il me faut beaucoup d'inspiration. «On commence?» me dit-elle.

Je lui réponds : «Oui, on peut commencer», et j'entends : «Top Chrono!»

Elle ne me fixe plus! Son téléphone positionné en chronomètre, et je me retrouve seule, face à ma feuille, durant quelques secondes.

Mon esprit se pose la question de ce premier mot qui sera écrit, celui qui donnera du sens à cet exercice. Après quelques secondes, je m'interroge, je suis à un moment sombre de ma vie, et j'avais envie d'écrire : TANT QUE JE VIS, JE PEUX ENCORE… DÉPRIMER, PLEURER, RESTER COUCHER, ME RONGER!

Beaucoup de verbes que j'aurais pu largement conjuguer, mais la raison me secoue comme un électrochoc. Positive attitude!

Tu effectues cet exercice pour positiver, aller mieux, et ne pas sombrer. Mon petit cerveau agit en quelques secondes et ma conscience reprend le dessus.

L'inspiration positive m'envahit : TANT QUE JE VIS, JE PEUX ENCORE… MANGER, SORTIR, DANSER, ÉCOUTER DE LA MUSIQUE, REGARDER LA PLUIE, VIVRE DES MOMENTS AVEC MES ENFANTS…

Vous aurez compris que la page se remplit et voici que les lignes défilent. Je me demande même si je ne vais pas remplir deux feuilles!

L'inspiration m'envahit encore et encore et je sens en moi une harmonie de bien-être se créer, comme si mon cerveau avait une révélation : tant que je vis, je peux encore !

Vous ne pouvez pas imaginer tout ce qu'il est possible de faire. Comme tous ces gestes du quotidien que, finalement, vous ne pouvez faire que si vous êtes vivant ! Alors, prenez une feuille et faites l'exercice.

Vous serez étonné de savoir que tout ce qui nous paraît mécanique le serait un peu moins si nous ne respirions plus !
Au début, vous pensez obligatoirement à vos gestes du quotidien. Mais plus j'écrivais, plus l'inspiration m'envahissait.
Je prenais conscience du but de cet exercice et je décryptais le message de cette séance.
À mon grand étonnement, mon inconscient me fait écrire, cette phrase, ces mots, ceux qui changeront mon existence, ceux qui changeront la trajectoire de mon destin, qui me redonneront un goût de nouveauté et de légèreté… !

Je retrouve alors cette feuille jaune Bristol, j'en garde encore le souvenir, et j'avais choisi volontairement des feuilles de couleur jaune.
Savez-vous que le jaune symbolise la lumière, la chaleur et la richesse ?
Mes feuilles Bristol jaunes me rappelaient le soleil !
Je n'avais pas de feuilles roses en stock, mais si j'en avais eu, je pense que mon choix se serait porté sur cette couleur afin de me souffler la phrase : tu dois voir la vie en rose !
Pas d'inquiétude, le rose, je le porte sur mes ongles vernis et sur mes lèvres, pour ne pas oublier dans mes gestes du quotidien que je dois POSITIVER.

Mon stylo à la main, je tiens cette belle feuille jaune avec la phrase du changement et une certaine légèreté innocente.

On y est enfin! On est arrivés au but tant attendu, tant mérité, ma renaissance est arrivée! Mon changement, ma transformation et ma vie reprenaient et subitement un but, une raison, un sens.

… TANT QUE JE VIS, JE PEUX ENCORE OUVRIR À TOUS LES PREMIÈRES CONFÉRENCES ÉCOLIÈRES DU CHEF D'ENTREPRISE. TANT QUE JE VIS, JE PEUX ENCORE FAIRE EN SORTE QUE PLUS UN SEUL CHEF D'ENTREPRISE NE SE SENTE OUBLIÉ.

Au moment où cette dernière lettre, le E du mot oublié, est posée sur cette feuille, j'entends Julia me dire : «Stop, c'est terminé ; le temps est écoulé!» Ça tombait bien, je n'avais plus rien à ajouter.

Si j'avais eu quelques secondes supplémentaires, j'aurais fait un joli cœur, mais le temps m'en a manqué. Mon inspiration a laissé glisser tout ce que je ressentais.

Je me mets à lire sur la demande de Julia et je lis mon texte sans aucune ponctuation. Les mots s'enchaînent à la vitesse d'un TGV qui ne s'arrête à aucune station.

Je la regarde un peu honteuse comme si je parlais une autre langue, mes mots n'avaient plus de sens, et ils ne voulaient plus rien dire.

J'avais bien compris l'importance de l'exercice : me faire prendre conscience du nombre de choses, de moments, et de plaisirs.

Il y avait à faire même si je n'avais plus ma société et que je n'étais plus chef d'entreprise! Comme si finalement, pendant ces 11 ans, j'avais oublié de vivre et de partager, tel un robot qui était programmé à l'avance pour faire ses tâches quotidiennes.

Julia avait enfin réussi à déprogrammer l'ancien robot pour mettre une nouvelle version. La nouvelle Nathalie qui vit pour elle, qui se recentre sur elle, qui ne vit plus au travers du regard de son poste de chef d'entreprise, et qui se fait passer avant les autres !

La mise à jour de mon nouveau Moi se met en route au moment de la lecture de cette phrase : PREMIÈRES CONFÉRENCES ÉCOLIÈRES !

Julia m'interroge en analyste du mot, car chaque mot a sa raison. S'il est positionné à cet endroit précis, c'est qu'il a son importance.

Votre inconscient est conscient. Nathalie pourquoi le mot (ou la phrase) PREMIÈRES CONFÉRENCES ÉCOLIÈRES ? Pourquoi conférence et école ? C'est un peu la même chose.

Elle avait raison, je suis incapable de répondre logiquement à son interrogation !

Je ne connais pas la cause de ces mots, j'avais envie d'une petite touche de nouveautés. Les conférences, vous connaissez, l'école, vous connaissez aussi, mais ce terme « conférences écolières » est inconnu de tous, comme je l'avais précisé avec le mot « premier ».

Ce terme de trois mots raisonnait dans mon intérieur et m'inspirait. En un instant la loi de la résonance ou de l'attraction, peu importe quel nom vous voudrez lui donner, m'avait téléportée dans une grande salle avec des centaines élèves, des personnes de tout âge du plus jeune au plus âgé m'écoutant religieusement.

Je me visualisais conférencière à parler de mon expérience. Je désirais aider toutes les personnes qui se retrouvaient dans des impasses opérationnelles dans les entreprises.

Je désirais soutenir ces chefs d'entreprise en reconversion absolue qui n'avaient plus de but, comme je l'avais vécu !

En un instant, j'avais pris conscience de tout ce que j'avais traversé : un chemin sans issue, et des apprentissages automatisés à encaisser sans remboursements.

J'avais enfin une raison de traverser cette mer mouvementée pour amarrer sur cette nouvelle destination ensoleillée, au calme !

Je venais de renaître, avec une raison de vivre : mes conférences !

Merci Julia… Combien de fois avez-vous eu envie de réaliser des choses, et finalement, vous ne les ferez jamais aboutir ?

Combien de fois vous êtes-vous réveillé en pleine nuit, ou en plein jour, en sursaut en vous disant : je le tente ? J'ai peur ? Je ne sais pas si c'est pour moi, vais-je y arriver ? Il n'était pas et plus question de vivre avec des regrets.

Moi, chef d'entreprise, je ne laisserai jamais les doutes m'envahir, c'est ma règle de base ! Douter, c'est se tromper et c'est regretter.

Règle d'or = prise de décision, je vais le faire, je vais le tenter, et plus que tout, je vais y arriver… Je suis déterminée, j'irai au bout, rien ne peut m'arrêter, comment monter ce nouveau projet, et comment faire pour qu'il se réalise ?

L'idée est là, voilà l'essentiel ! Je commence tel un chef d'entreprise qui se replonge sur son nouveau cap, son itinéraire et sa destination. Seule, je ne pourrai pas concevoir ce projet, seule, je ne veux pas concevoir ce projet !

On pense souvent que seule nous pouvons avancer, qu'être seul c'est mieux que d'être à plusieurs, je pense que ces idées sont erronées, seul, on n'avance pas.

Pour ma part, je ne désire pas être seule dans cette aventure, je garde à l'esprit la citation de Henry Ford : « Venir ensemble est un commencement, rester ensemble est un progrès, travailler ensemble est un succès. »

Je désire embarquer avec moi les meilleurs des meilleurs dans leur domaine de prédilection, à mes yeux. Vous comprendrez, un peu plus tard, la raison de ces choix.

Je visualise mon nouveau bateau : un peu comme l'arche de Noé, nous avons comme passagers présents à l'appel : le chat, la jument, la girafe, le marsupilami (merci Patrick), et le chacal qui est un peu plus calme. Ces passagers ont une grande expérience professionnelle et de terrain.

Je fais appel à mon équipage composé de : Michael, David, Elsa, Julia, dirigé par Nat le capitaine. Chaque membre de mon équipage a ses compétences et ses expériences pour m'aider à naviguer vers ma nouvelle destination ensoleillée.

Je vous les présente :

Prénom : Michael
Profession : expert-comptable
Descriptif : la quarantaine, séduisant, passionné des chiffres comme si tout petit il était tombé dans la potion à chiffres, à additions et à soustractions.

Il est l'homme de tous les chiffres, de tous les tableaux Excel, et il est l'homme qui aura le courage de vous demander : « Sais-tu si tu gagnes de l'argent ? »

Grande question ! Tout le monde vous répondrait que oui, mais l'homme des chiffres, en quelques clics, sera capable de vous démontrer que votre schéma et la direction dans lesquels vous naviguez sont erronés.

Muni de cette faculté et du don du visionnaire du chiffre, il vous aidera à reprendre votre itinéraire, depuis le début, ou au contraire, il vous aidera à le développer.

Avec Michael, les chiffres n'auront plus aucun secret pour vous. Vous aurez toutes les explications nécessaires, sa patience est à toute épreuve, et si vous commencez à l'agacer parce que votre cerveau n'avancera pas à la même vitesse que le sien, il passera la main dans ses cheveux.

Mais il vous réexpliquera, et vous conseillera encore et encore jusqu'à ce qu'enfin, vous compreniez ce que vous faites et que vous trouviez même du plaisir à le faire ! Michael n'a qu'un but, que vous soyez content et heureux, en réalité : un chef d'entreprise épanoui !

Prénom : David
Profession : avocat
Descriptif : trentenaire pas pour très longtemps, il est le magicien de tous vos problèmes. Passionné de droit des affaires et il est une synoptique.
Vous avez un problème, David a la solution !
Vous êtes angoissé, il a la solution !
Vous ne savez plus faire comment faire, il a la solution !
Il vous explique tout ce que vous devez savoir, rien n'a de secret pour lui, c'est la boîte à solutions ! Avec David, l'expression « dormir sur vos deux oreilles » prendra tout son sens. Vous le comparerez à David Copperfield en plein spectacle de magie, le magicien de tous vos problèmes. Il apparaît et disparaît.
Mais attention, s'il vous vient une idée farfelue ou excentrique, ou que vous décidez d'innover, il vous regardera, allongera ses jambes, croisera ses bras, et vous regardera avec sa bouche pincée, du genre : que vas-tu m'inventer là ? C'est le meilleur pour vous accompagner dans le droit des affaires en général.

Prénom : Elsa
Profession : professeur
Descriptif : Elsa est à elle toute seule un traducteur de poche : anglais, chinois, russe, qui dit mieux ?

Elle est capable de parler cinq langues à la fois, comme un juke-box qui changerait de chansons en appuyant sur un bouton.

Elle m'épate et a une telle facilité, que quand vous entamez une conversation, elle vous demande : « Tu veux parler avec quel accent ? Américain ? Anglais ? » « Elsa, c'est déjà assez compliqué de parler anglais, alors anglais normal. » Elsa est la seule personne qui, en arrivant à une terrasse de café, est capable de dire « On est deux » même si elle est seule.

Toujours une pointe d'humour ! Mais je pense qu'Elsa n'est simplement jamais seule dans sa tête, elle parle sans cesse avec ses amis imaginaires linguistiques, et elle en a beaucoup !

Elsa vous apportera la touche internationale qui vous manquera.

Prénom : Julia
Profession : coach spécialisée pour chef d'entreprise
Descriptif : harmonie, sérénité, détente, bien-être, autant d'adjectifs qui feront qu'avec Julia vous serez apaisé, détendu et relaxé.

Vos difficultés auront la forme de nuage et votre bien-être aura la couleur du ciel bleu. Plus le temps avancera et plus vos nuages se dissiperont.

Julia vous téléportera à Yuma, ville la plus ensoleillée du monde, le saviez-vous ?

Enfin, nous sommes à ce moment tant attendu, et la nouveauté est arrivée : l'ouverture des premières conférences écolières allait voir enfin le jour, une conférence/école où nous aurions toutes les bases du futur chef d'entreprise, où permettre une meilleure expérience, où même la plus petite des interrogations trouverait sa réponse.

Enfin un endroit où l'on nous dirait sincèrement ce qui nous attend, qui nous préparerait à tout surmonter, qui nous formaterait pour faire ce métier, mais avec un goût de légèreté, d'humour et d'efficacité.

Une conférence dans laquelle rimeraient stress et détente, obstacle et réussite, contrariété et apaisement. Un moment suspendu dans lequel nous ne craindrions plus de mal faire ou d'être jugés.

Une conférence où nous parlerons enfin tous le même langage et où nous partagerons tous les mêmes valeurs.

Notre slogan : Le langage de la réussite et les valeurs de l'équipe !

Les inscriptions peuvent démarrer, et très vite nous sommes submergés d'appels, de mails et de dossiers d'inscriptions.

Nous avons même dû embaucher. « Embaucher », ce petit mot qui me replonge dans le monde employeur.

Quel soulagement, je me sens à nouveau utile ! C'est bon d'avoir à nouveau un but et une nouvelle mission de vie.

Je repasse de l'autre côté du miroir, mais avec des opinions différentes, en ayant appris une leçon de vie !

Dans ce monde-là, je serai beaucoup plus indulgente dans mes futurs recrutements, je recevrai tous les candidats qui postuleront, même ceux qui ne correspondront pas à mes critères de référence. J'ai appris que tous les candidats ont droit à leur chance, droit de faire leurs preuves.

Qu'il est impossible de remplir sur une feuille A4 toutes nos compétences, toutes nos expériences et toutes nos valeurs.

On fixe sur cette feuille ce CV, comme une recette de cuisine qui expliquerait le gâteau parfait et tous les ingrédients nécessaires et indispensables comme gage de qualité et d'harmonie gustative. Dans lequel vous pouvez augmenter ou baisser les quantités, ajouter ou enlever un ingrédient, et votre gâteau pourrait être aussi si ce n'est meilleur.

Alors arrêtons de nous faire des idées autour de ce petit bout de papier et arrêtons d'avoir des préjugés. Laissons la chance à tous, essayons de nous faire notre propre opinion !

Vous pouvez peut-être rater le meilleur pion de votre jeu de dames, juste parce que vous ne l'auriez pas rencontré.

Comme disait souvent le PDG de SALESFORCE, Marc BENIOFF : « Le secret d'un recrutement réussi est le suivant : cherchez les gens qui veulent changer le monde ! »

Je garde en tête un slogan que j'avais lu et qui s'était enregistré dans mon cerveau :

Le bon job peut transformer la vie d'une personne, la bonne personne peut transformer une entreprise.

Cette phrase à méditer est tellement vraie de sens.

Nos standards sont saturés, notre site internet bat tous les records de clics, nous recevons des dizaines de demandes d'information, de demande de rappel, que nous n'arrivons pas à gérer, nous en sommes très étonnés, car nous n'avons fait qu'une seule journée Portes ouvertes et nous n'avons fait aucune publicité. Nous avons même quelques chefs d'entreprise qui se déplacent, pris par la curiosité.

Nous sommes obligés de refuser des inscriptions, car nous sommes complets, et nous mettons quelques noms sur liste d'attente, mais avec peu d'espoir.

Nos élèves sont motivés, nos futurs chefs d'entreprise sont devenus épistémophiles !

Nous commençons même les inscriptions de la prochaine session, et nous limitons cette première session à 60 personnes, afin d'être efficaces.

Nous sommes arrivés au jour tant attendu, celui de la délivrance, un peu comme le jour de votre accouchement, le jour où vous avez tant attendu de voir la tête de votre bébé !

Je ressens de l'excitation et du stress à la fois. Je tire de temps en temps le rideau et j'observe les sièges se remplir, et sur chaque pupitre, il y a un espace pour que chaque chef d'entreprise y insère son prénom. Une petite trousse contenant quelques crayons à papier, deux Stabilo, un jaune et le second rose, pour mettre un peu de couleur et de chaleur, une gomme et un cahier à spirales.

Nous avons déposé également une pochette contenant l'emploi du temps avec les heures de conférences, ainsi qu'un questionnaire qui sera à remplir à chaque fin de conférence. Ainsi, nous pourrons avoir les avis ou critiques de nos chefs d'entreprise pour toujours nous améliorer en temps réel.

Quand vous êtes malade, vous allez consulter le médecin.
Quand vous avez un litige, vous allez consulter un avocat.
Quand vous serez perdu sur une problématique de votre société, peu importe le sujet, vous ne serez plus seul. Vous pourrez consulter les conférences écolières sur une session d'une semaine, vous permettant de rencontrer d'autres chefs d'entreprise et ainsi de vous évader quelques jours de ce quotidien pour permettre un regain d'énergie. Et vous serez confronté à des dizaines de sujets de problématiques que rencontrent d'autres chefs d'entreprise, et vous aurez aussi la possibilité de consulter les conférences écolières via notre adresse mail, téléphone, nous permettant ainsi de vous répondre sur votre sujet bien précis.

La première conférence écolière a aussi un module immersion. Pendant une semaine, nous intégrerons pleinement votre entreprise et nous vous ferons remarquer quelles sont les problématiques, comment vous pouvez vous améliorer, être plus productif.

Tous s'installent, je m'avance un peu stressée, mais avec un sentiment de TANT QUE JE VIS, JE PEUX ENCORE… ÊTRE TOUT SIMPLEMENT À MA PLACE ICI FACE À VOUS, TOUS CES CHEFS D'ENTREPRISE !

Je prends une grande bouffée d'air et je prends la parole :
« Bienvenue à tous. Tout d'abord, je voudrais vous remercier de nous avoir choisis pour vous accompagner. Vous verrez que vous ne le regretterez pas.

En faisant le choix d'être parmi nous, vous avez décidé de prendre en main votre destin de chef d'entreprise. Vous avez fait le choix d'être bien entouré, mais surtout d'apprendre et de comprendre ce qu'est le métier de chef d'entreprise avec ses avantages, ses inconvénients, ses anecdotes, ses difficultés, ainsi que les bons moments. Nous vous expliquerons tout et mettrons à votre disposition tous les outils nécessaires qui vous permettront d'être la meilleure version de vous-même en tant que chef d'entreprise.

Un chef d'entreprise épanoui, et tout ce qui vous sera raconté, n'est que la réalité du vécu, de nos expériences, bonnes ou mauvaises. On vous racontera également nos erreurs, mais aussi nos réussites. Les conférences écolières sont faites pour vous accompagner, pour que vous ne soyez plus seul, car nous savons que vous allez être confronté à des expériences de vie auxquelles vous n'aurez jamais osé penser.

Je vous précise également que nous allons aller crescendo et que les niveaux de difficulté apparaîtront au fur et à mesure de notre programme général.

Sachez que vous serez mis en situation réelle afin d'approcher au plus près les avantages et les difficultés de l'entrepreneuriat.

Vous pourrez, si vous le souhaitez, quitter à tout moment ce cursus, mais nous en serions vraiment désolés. Être chef d'entreprise, c'est s'accrocher à toutes les pensées positives qui vous animeront.

La conférence écolière se déroulera sur une semaine Aujourd'hui, nous passerons cette première journée à nous présenter, faire connaissance. Chacun se présentera, expliquera son vécu de chef d'entreprise, ou son projet, ses difficultés rencontrées, je les listerai pour que, à la fin de la semaine, chacun d'entre vous puisse avoir la réponse, la solution à sa problématique, et puisse ainsi repartir sereinement vers le chemin de la réussite de son entreprise avec des bases et des éclaircissements.

Je vous informe également que nous avons aussi des sessions de formations pour les modules : Droit des sociétés, Fiscal, Social, Coaching, Formation linguistique.

Vous êtes prêt ?... Je me présente, je suis Nathalie, et c'est moi qui animerai vos conférences écolières module Général.

Je suis une femme carriériste dans l'âme, j'ai toujours occupé, depuis mes toutes premières années professionnelles, des postes à responsabilités.

Mes premiers postes à responsabilités ont été dans une société de tourisme. Ensuite, avec deux associés, nous avons décidé de monter une société, une SAS, dans le domaine des ascenseurs, et nous l'avons exploitée pendant 11 ans, jusqu'à ce que notre société soit mise en liquidation par le tribunal de commerce. La cause : la Covid nous a réellement compliqué la tâche.

Chantiers à l'arrêt, commandes reportées, mauvais conseils par un tiers bancaire, mauvaises décisions, des prises de risques démesurées et notre chute est arrivée. La raison pour laquelle je suis parmi vous est de vous transmettre mon vécu, mon savoir, mes anecdotes, mes erreurs, mon expérience, mais aussi mes bons moments. »

Je demande qui veut se présenter en premier, se jeter à l'eau. Une main se lève. J'ai omis de vous préciser que nous avons seulement 3 femmes sur 57 hommes. Étonnamment, la première est celle d'une femme, elle se présente, explique son parcours et sa problématique, je me lève, la note sur le tableau.

La première problématique sera bancaire, et ainsi 60 problématiques ont vu le jour, mais je dois avouer que même si ces chefs d'entreprise ont des parcours différents, des activités différentes, certains sont sans expériences, d'autres plus expérimentés, mais tous ont la même envie d'y arriver, de résoudre leurs difficultés. Le tableau s'est rempli et je me dis que la semaine va être bien chargée en informations, ces 60 traits sont alignés les uns en dessous des autres, mais ils raisonnent sur les mêmes sujets : bancaire, cotation, échéancier de paiement, charges à régler, management. Certains sont en train de craquer, ils n'y arrivent plus, pour d'autres plus d'issue, ils sont complètement perdus, et c'est là que je me dis que j'ai réussi ce challenge de la vie, je vais les aider à s'en sortir, les aider à comprendre ce qui leur arrive, mais les aider à avancer, et si malgré nos efforts on ne trouve pas de solution, alors on les aidera à rebondir, car tant qu'on vit on peut...

Mais nous allons reprendre la base du chef d'entreprise comme si chacun venait de commencer, car pour comprendre l'avenir, la seule solution, analyser le passé, ses erreurs, ses choix, et voir où la faille est arrivée. Mais quand on ne sait pas, ce qui est le cas pour beaucoup d'entre vous, alors on fait au feeling, ce qui n'est pas forcément bon, puis une problématique naît, car on ne peut pas tout connaître. Dans mon intervention et ce qui va être dit, chacun d'entre vous se retrouvera par moments, parfois un peu plus, car même si nous sommes tous différents, nous sommes tous confrontés à la même difficulté : être un bon chef d'entreprise.

À partir d'aujourd'hui, en faisant le choix de devenir un chef d'entreprise, vous devrez prendre conscience que vous serez le responsable : moral, financier et juridique, 24 heures sur 24, de votre entreprise. Et si vous avez eu la chance de la créer de toutes pièces, vous serez le grand gagnant de deux titres : fondateur, mais aussi chef d'entreprise !

Vous devrez accepter d'assumer plusieurs responsabilités et de multiples fonctions, vous vous fixerez des objectifs et mettrez tout en œuvre pour les atteindre. Cela s'appelle le plan, votre plan !

C'est vous qui l'élaborerez et vous serez l'image de votre société aux yeux de la loi, mais aussi aux yeux du public. Votre vie ne sera plus jamais pareille, vous ne dormirez plus d'un sommeil profond, et parfois, vous engloutirez tout ce que vous trouverez (chocolat, chips), ou parfois au contraire, vous ne pourrez même pas avaler un verre d'eau. Quand vous serez en congé, avant de penser à votre maillot de bain, vérifiez si le wifi est connecté. Et si, comme moi, vous n'êtes pas très chanceux, vous vous retrouverez la moitié des vacances à la réception de l'hôtel, car c'est le seul endroit qui capte. Si vous avez des enfants, nous devons vous dire la vérité, vous les verrez moins, mais vous les gâterez plus.

Au début, vous essayerez de vous mettre des règles : vous rentrerez plus tôt pour les voir, vous prévoirez d'aller les chercher à l'école et à la sortie de leurs activités, mais…

Pourtant, vous vivez avec l'idée qu'à tout moment, en fonction de votre journée, un imprévu viendra se greffer et vos projets seront reportés. Il sera dur de ne pas se sentir coupable !

Toutes les (nombreuses) fois où l'on fait passer la boîte avant sa famille !

De plus, pour nous, qui sommes entrepreneurs, pas de patrons sur qui rejeter la responsabilité. Vous ne pourrez pas prendre le responsable entre quatre yeux à chaque fois qu'un imprévu se produira. Et même, quand on s'organisera pour être présent physiquement, c'est « parfois très dur d'être vraiment là, car la tête est ailleurs ». On reste prisonnier d'une grosse charge mentale, alors que notre enfant veut juste un peu d'attention !

Vous serez emporté dans vos pensées, et cela ne rattrapera pas le temps perdu avec vos enfants, on se rend compte que l'on déconnecte rarement. Mais il y aura un côté positif : le regard brillant de vos enfants qui vous galvanisera.

Vos enfants seront fiers d'avoir un papa ou une maman « BOSS », avec l'envie de leur laisser un monde meilleur, ce qui vous poussera, avec un sentiment de construire votre entreprise dont ils seront fiers et dont ils pourront peut-être profiter. C'est notre motivation !

Croyez-vous que la vie serait plus facile si vous étiez salarié ? Savez-vous que 68 % des hommes considèrent qu'on ne peut pas réussir professionnellement en général sans sacrifier sa vie personnelle et familiale ?

C'est vrai qu'il serait parfois plus reposant de suivre la ligne relativement tracée d'un job salarié plutôt que les montagnes russes de l'entrepreneuriat !

Vous devrez prendre conscience qu'entreprendre apporte moins de garanties matrimoniales (salaire, sécurité, capacité d'emprunt, ou retraite) qu'un CDI. Vous devez garder en tête qu'à tout moment, si votre entreprise a besoin de vous, vous devez être présent jour et nuit.

Votre tenue vestimentaire devra refléter votre statut de dirigeant, et le maître-mot est la cohérence, puisqu'il s'agit de véhiculer une image en phase avec votre produit et vos valeurs.

Votre tenue devra véhiculer des valeurs de votre sérieux et de votre rigueur, et vous aurez plusieurs codes vestimentaires ou dress-code.

Tout va dépendre de différents facteurs : le statut, le contexte, le secteur, les contraintes liées au travail lui-même. Connaissez-vous l'expression : « Tu sauras quel chef d'entreprise tu es, en fonction de comment tes salariés parleront de toi » ? Vous l'aurez compris, je l'ai inventée !

Vous savez pourquoi ? Car vous serez critiqué, peu importe ce que vous faites, dites, ou comment vous agirez, vous serez toujours critiqué !

Mais plus on est critiqué, plus notre job de chef d'entreprise est bien fait. Parfois, vous entendrez chuchoter : « Si c'était moi le patron, je ferais ça, je dirais ça, j'agirais comme si. » Pourtant, si vous leur proposiez votre place, personne ne la voudrait !

L'expression « Les conseillers ne sont pas les payeurs » prend tout son sens ici !

Et même si vous veniez à dire oui à tout, ça ne conviendrait pas encore. Il faut avoir cette chose en tête, c'est la règle de base du chef entreprise. Car en faisant ce choix, vous devenez un pilote d'avion.

Vous piloterez votre entreprise comme un Boeing avec vos passagers, vos salariés et les stewards comme les responsables salariés. Nous sommes tous dans le même avion et nous allons tous dans la même direction. Vous ne devrez jamais quitter votre avion en vol, ni même quand le ciel est dégagé, ni même quand le brouillard vous cache l'horizon, et encore moins en cas de turbulences. Quoi qu'il arrive, vous pilotez.

Projetez-vous une minute et imaginez-vous en tant que passager dans un avion ! Imaginez que les turbulences vous secouent encore et encore, et, à ce moment-là, vous entendez le pilote dire : « Je vous laisse, au revoir. » C'est impossible, on est d'accord ! Car ce sera la panique. Gardez toujours cette image en tête quand vous serez envahi de doutes. Faites-vous confiance, ouvrez les yeux et pilotez… Et vous serez rassuré de votre trajectoire… Vous penserez alors au proverbe de Reid Hoffman : « Un entrepreneur est quelqu'un qui se jette d'une falaise et construit un avion sur le chemin de la descente ! »

Vous trouverez votre phrase magique, la mienne était : « Ça va aller, je gère. » On fond à ce moment précis, je ne sais pas si ça va aller, et je ne gère rien, mais je mets tout en œuvre pour donner le maximum de moi-même et je crois en moi !

Que votre entreprise soit un avion ou un bateau, vous n'avez pas le choix, turbulences ou vagues, vous devez tout surmonter. Focalisez-vous sur l'objectif, la bonne nouvelle est que vous serez aidé par vos salariés. Comme dans une équipe de foot, chacun à sa place et ensemble on peut tout surmonter.

Avez-vous des qualités de dessinateur ? Il vous faudra de temps en temps prendre une feuille, dessiner l'objectif à atteindre et dessiner les chemins pour y parvenir.

Vous dessinerez alors votre propre labyrinthe, mais ne soyez pas inquiet, le premier chemin n'est jamais le bon, ce serait trop facile. Pourtant, ayez confiance, vous le trouverez, soyez-en certain. Vous devrez aussi être le magicien des boîtes. Petite anecdote personnelle que je partageais avec une amie. On avait coutume de prendre une boîte en carton chaque année, et pour

nos anniversaires respectifs, on y notait nos souhaits pour l'année à venir. Et une fois par an quand on l'ouvrait, on pouvait ainsi voir si nous avions été dans le vrai.
Dans notre cas, chaque boîte sera un problème ou une difficulté à surmonter. Vous aurez parfois des dizaines de boîtes comme si vous veniez de vider un magasin de chaussures en soldes.

Dès la solution trouvée, on changera de boîte et on avancera.
Une chose est sûre et je vous l'ai dit : il faudra éviter d'employer le mot « problème » dans vos vies.
Vous n'avez jamais de difficultés, vous n'avez que des occasions de grandir !
Dans mon entreprise, le mot « problème » était banni de notre vocabulaire. En l'excluant, vous devenez plus fort et vous permettez à votre entreprise de voler de ses propres ailes tout en légèreté et en positivité.

Alors, ne craignez plus de grandir !
Vous devrez avoir un grand sens de l'adaptabilité, la preuve en est, car tout au long de votre parcours de chef d'entreprise, vous allez subir des transformations animalières.
Il faudra être chat : pour toujours retomber sur vos pattes.
Il vous faudra être un cheval ou une jument : pour sauter tous les obstacles.
Il vous faudra être une vache : pour ruminer vos mots afin qu'ils ne sortent pas de votre bouche.
Il vous faudra être un lion ou une lionne : pour préserver encore et encore, il symbolise la force et le courage.
Il vous faudra être une girafe : pour toujours prendre de la hauteur sur vos décisions, sur les difficultés que vous rencontrerez.
Il vous faudra être un marsupilami : pour rebondir en cas d'échecs.

Mais attention à vos pires ennemis qui sont des rats et des chevaux sauvages. Vos pensées négatives se transformeront en rat et en chevaux sauvages, vous nourrirez vos rats en permanence même quand ils n'auront pas faim, et vous monterez vos chevaux sauvages qui galopent et galopent, dans vos petits hémisphères cérébraux. Quand un cheval sauvage ne vous convient pas, changez-en, et ne nourrissez plus vos rats, mettez-les au régime !

Arrêtez d'anticiper, même si anticiper doit faire partie de vos qualités. Mettez de côté les situations qui finalement ne se présenteront jamais, mais qui auront mis votre cerveau en mode Ranch.

Votre cerveau fonctionnera en permanence, vous n'aurez qu'une envie parfois, trouvez la prise pour le débrancher. Il vous faudra une bonne gestion et une grande résistance au stress.

À voir le visage de certains, ça n'a pas l'air de vous inquiéter !

C'est sans doute que vous êtes adepte de la médiation positive chaque jour, mais attention, la méditation positive du chef d'entreprise est tout un autre registre.

Il vous faudra 10 affirmations positives pour répéter chaque jour. Elles seront différentes de celles que vous pratiquez déjà au quotidien.

Mais avant tout, il vous faut penser positivement, et savoir rester optimiste face à l'adversité est une qualité qui peut faire la différence entre la réussite et l'échec. Les voici et je vous conseille de les noter précieusement :
- Je dois résoudre toutes les difficultés qui se présenteront à moi.
- Je pense que je ne pourrai pas y arriver, mais je dois toujours persévérer.
- Je dois honorer les salaires de mes salariés chaque fin de mois.

- Je dois régler, déclarer et payer mes charges fiscales et sociales chaque mois.
- Je me dois de tout mettre en œuvre pour que mes salariés possèdent les outils nécessaires à leurs tâches.
- Je me dois de mettre à la disposition de mes salariés des conditions de travail en adéquation avec leurs postes.
- Je me dois de toujours respecter mes salariés.
- Je ferai toujours preuve d'adaptabilité.
- J'admettrai l'erreur si je la commets.
- Je n'oublierai jamais que nous sommes une équipe.

Mes chefs d'entreprise, futurs chefs d'entreprise, ne vous inquiétez pas si, parfois, vous entendez : tu as ouvert ta société et tu la gères comme une épicerie de quartier. Mais très vite, grâce à nous, tous ensemble, vous serez un mini-supermarché. Nous vous remettrons tous les outils qui vous permettront de vous organiser et d'y voir plus clair. Avec un peu de chance, certains d'entre vous auront même l'option Drive ! Vous devrez toujours être bien entouré, car vous entendrez souvent cette phrase de diverses personnes d'ailleurs.

Quand vous réaliserez que vous n'êtes pas entouré par les bonnes personnes, vous prendrez conscience que vous avez été mal conseillé.

Je peux vous en parler mieux que quiconque, car j'ai été mal entourée durant neuf ans. Vous avez bien entendu, neuf ans !

Je vais de ce pas répondre à la question que vous posez tous : pourquoi ? Car je ne l'ai pas vu avant, et dans cette course infernale, les événements s'enchaînent, jusqu'au jour où… Vous comprenez alors que vous avez été mal entouré et conseillé. Quand la chance envoie à votre porte des personnes que l'on peut surnommer des anges gardiens, vous aurez le sentiment que plus rien ne pourra vous arrêter.

Vous êtes un peu inconscient, vous espérez que ces neuf ans de mauvaises décisions et de prises de risques démesurées vont pouvoir s'envoler comme si vous souffliez sur une bulle de savon qui s'évapore ! Mais la réalité vous rattrape et vous allez devoir continuer de vous battre, mais les chances de victoires vous sont comptées.

Vous saurez que vous êtes bien entouré si vos anges gardiens, ces êtres divins choisis pour vous protéger, sont capables de mettre en stand-by leurs entreprises pour vous, et de vous mettre sur la liste de leurs clients VIP, ce qui signifie que vous pouvez appeler tard le soir et le week-end. Quand une question ou une crise d'angoisse surviendra, ils seront toujours là. Et ils se mettront à votre place pour vous conseiller comme ils le pourront. Ils vous exposeront leur point de vue sur la situation ou sur la difficulté, avec une objectivité sans faille, même si c'est celle que vous n'avez pas envie d'entendre. Ils feront l'impasse sur leurs honoraires ou les factures remisées, car quand vous aurez pris conscience que vous étiez mal entouré, vous n'aurez pas assez de fonds pour payer ceux qui vont tout faire pour vous sauver. Dans mon cas, j'ai été très chanceuse, mes anges gardiens, Michael et David, dont vous ferez la connaissance ces prochains jours, ont accepté le règlement de leurs honoraires en KINDER CARDS, vos enfants connaissent sûrement. Ces KINDER CARDS sont en forme de carte bancaire. Mes anges gardiens en raffolent, quand ils venaient me rendre visite, et avant de commencer cette dure journée de travail qui nous attendait, ils avaient pour habitude de passer par la case KINDER CARDS. Comme si on imaginait que la solution à notre difficulté allait sortir de ce petit bout de chocolat. Parfois on essayera de vous décourager. Aussi bien votre entourage, et occasionnellement vos salariés.

Je me rappelle Sarah, son surnom était « La Briseuse de rêve ». Elle était aimée de tous, et était toujours bienveillante. D'ailleurs, elle avait été élue déléguée du personnel. Elle était la chef comptable de ma société, un poste plus terre à terre ! Avec elle, les chiffres parlaient d'eux-mêmes, même si, de temps en temps, vous voulez les faire danser au rythme de la zumba !

Sarah avait toute la gestion comptable et financière de l'entreprise. Vous avez compris, Sarah avait la dure mission de venir quand les finances n'étaient pas en forme. Dès que je la voyais, j'allais me cacher. Je l'évitais comme si j'étais une enfant qui jouait à cache-cache. Ce poste de chef comptable est un poste à fortes responsabilités. Elle était en relation avec tous ceux qui attendent d'être payés et vous avez compris qu'ils sont nombreux : sous-traitants et fournisseurs. Cela génère de la pression, comme un thé que vous laissez infuser trop longtemps.

Sarah avait constamment le même rituel, elle descendait à la machine chercher son café, le récupérait et ensuite elle se dirigeait vers les escaliers. Mon bureau était en face de la machine, je pensais qu'elle allait remonter, et je me disais que j'étais sauvée. Mais non, au moment où elle commençait à monter la première marche, elle me regardait et me disait : « Nat, tu veux un café ? » Rien qu'avec cette phrase, je savais qu'elle souhaitait me parler et voir ensemble quelle stratégie nous allions mettre en œuvre. Sarah sait pertinemment que je ne bois pas de café. Cela fait trois ans que nous travaillons ensemble.

Je lui répondais : « Non merci ! » À cet instant, je désirais me cacher, je n'avais pas envie d'entendre ses mauvaises nouvelles du matin. Et elle arrivait toujours quand j'étais de bonne humeur, elle rentrait dans mon bureau, restait debout et me disait : « Nat, tu n'en as pas marre de te battre ? Jusqu'à quand vas-tu te battre ? » Combien de fois Sarah m'a répété cette phrase ??!!

Combien de fois l'ai-je entendu répéter cette phrase ? De plus, un jour, elle me dit : « À ta place, j'aurais tout lâché depuis longtemps, je ne sais pas comment tu fais ! » À ce moment, je la regarde et me demande intérieurement ce que je dois lui répondre. Je me demande un instant si elle est consciente de cette phrase qui vient de sortir de sa bouche ou si c'est l'effet du café qu'il l'a assoupie. Elle lève sa tasse au niveau de sa bouche, elle est bien consciente, pas de doute. Je souffle un instant, je décrypte le message subliminal qu'elle essaye de me faire passer et je m'interroge : comment peut-elle prononcer de tels mots ? Mais dans l'éventualité où je lâche, elle n'aura plus de travail. En avait-elle réellement conscience ? Je lui réponds : « Écoute Sarah, non, je n'en ai pas marre ! C'est mon travail et la société me rémunère pour ça ! » J'aurais rêvé de lui dire que oui, j'en avais marre et que j'étais épuisée !

Soudain, un jeune homme lève le doigt et me dit : « Madame, j'ai une question. » Je lui demande de m'appeler Nathalie. « Nathalie, vous avez échoué, non ? Votre entreprise a été liquidée. » Je le regarde : « Comment t'appelles-tu ? » « Julien », me répond-il. « Julien, l'échec est de rester dans une situation où il n'y a plus de solutions et de ne pas en prendre conscience. Billes Gates déclarait : C'est bien de célébrer le succès, mais il est plus important de tenir compte des leçons de l'échec. »

D'autres questions ? Non ? Personne ? Alors on continue. Nous allons maintenant énumérer les différents outils indispensables au métier de chef d'entreprise, vous devrez les avoir toujours avec vous, ou sur vous.

En tant que chef d'entreprise, il vous faudra un équipement spécial, la tenue vestimentaire du chef d'entreprise : La cape ! Si, si, vous avez bien entendu, une cape ! Peu importe la couleur, la taille, la forme, si elle est unie ou imprimée, vous devrez porter la cape. Au début, vous penserez la porter en arrivant au bureau et l'enlever en partant. Son nom : cape-man/ cape-woman, mais elle sera greffée sur vous, invisible certes, mais pourtant présente. Avec cette cape, vous êtes l'homme ou la femme de toutes les situations. Vous serez ce super héros invincible, et quels que soient vos combats, vous serez toujours gagnant avec elle.

Vous devrez également être en possession de votre agenda annuel. Je vous vois un peu stressé. Calmez-vous, ce ne sera pas pour noter les devoirs, mais pour noter vos échéances de paiement obligatoires, tous à des dates et des montants différents. Attention, si vous oubliez ne serait-ce que quelques heures une échéance, aucune excuse ne sera tolérée, et vous serez sanctionné. Cet oubli peut vous coûter cher, très cher parfois ! Et si seulement tout pouvait être centralisé au même endroit, ce serait trop facile. En réalité, vous avez plusieurs caisses et plusieurs institutions, donc à vos stylos…

Vous n'aurez pas de devoirs, je vous le confirme, mais vous aurez des contrôles surprises, enfin à moitié surprises ! Vous recevrez la date et l'objet, ils s'inviteront chez vous tous les 2/3 ans, et parfois même avant. Vos gestions comptable, fiscale, et sociale seront épluchées. Personne ne vous aura expliqué ou enseigné ces côtés administratifs contraignants, mais ne vous inquiétez pas, car après ces contrôles, vous aurez tout compris.

Néanmoins, ça vous aura coûté cher. Au départ, vous aurez le droit de répondre : « Je ne savais pas ! » Mais cela n'excusera en rien votre oubli. À la suite de cette procédure, vous penserez que vous êtes tranquille, toutefois ne criez pas victoire trop vite ! Les contrôles ne sont jamais loin, et le problème, c'est qu'ils sont nombreux : contrôle fiscal, contrôle social, contrôle de TVA et inspection du travail. Quand ce n'est pas l'un, c'est l'autre, et arrêtez de penser que ces invités surprises ne vont que chez vos voisins, ils viennent chez tout le monde, alors soyez prêt à les recevoir, il faut juste qu'ils n'aient pas trop faim…

Si je vous dis « lexique », ça vous parle ? Il faut savoir qu'il vous faut obligatoirement votre table lexicale à avoir toujours sur vous. Ce lexique comportera des mots que vous n'aurez jamais entendus de votre vie auparavant, et puis comme si ce n'est pas assez compliqué, ce lexique sera différent en fonction de vos interlocuteurs. Vous aurez le lexique salarial, comptable/

fiscal, bancaire, commercial, chacun le sien. Moi, j'adore ce mot, car il semble trop rigolo : EBITDA, qui se trouve en lexique comptable.

C'est un drôle de mot, vous ne pensez pas ? La première fois, on a régulièrement du mal à le prononcer, mais on s'y fait très vite. Vous savez pourquoi ? Parce que c'est le terme essentiel à votre entreprise, vous entendrez ce mot dans la bouche de tous ceux qui gèrent les chiffres, tous ! Du banquier en passant par le comptable, combien d'EBITDA ? Je ne vais pas rentrer tout de suite dans l'explication de ce mot, car Michael le fera mieux que moi.

Si je vous dis « dictionnaire », ça vous parle ? On a tous chez nous un dictionnaire depuis notre plus jeune enfance, vous avez les classiques Le Larousse ou Le Robert, et celui des synonymes. Il existe même celui des rêves ! Mais pour les chefs d'entreprise, où est notre dictionnaire ? Celui dont nous avons besoin tous les jours ? Il n'existe pas ! Durant votre vie de chef d'entreprise, vous serez confronté à une multitude de mots que vous ne connaîtrez pas. Toutefois, nous vous avons fait éditer en avant-première une édition exclusive d'un dictionnaire du chef d'entreprise. Tout arrive à qui sait attendre !

Vous ne pourrez plus parler à vos salariés comme vous parliez à vos amis. Il faut que vous appreniez la super technique du « plus moins plus » (+ - +). En gros, vous avez quelque chose de bien précis à lui dire, mais vous savez que ça ne va pas lui plaire. Son cerveau va se fermer, et il ne vous écoutera même pas, et il n'aura qu'une envie : c'est de s'enfuir ! Cependant, avec cette technique « plus moins plus » (+ - +), vous manipulerez votre interlocuteur. Vous allez lui révéler des choses positives et vous verrez son visage et son cerveau s'ouvrir. Puis vous les énumérerez, vous le lui reprocherez, mais avant que son cerveau ne se ferme, vous allez à nouveau le flatter et le reproche sera passé comme une lettre à la poste…

Pourtant, l'outil le plus puissant de votre période managériale sera la méthode SMART. Cette méthode permet de regrouper les attributs qu'un objectif doit posséder.

S = SPÉCIFIQUE
M= MESURABLE
À= ATTEIGNABLE
R= RÉALISTE
T= TEMPOREL

Alors je n'ai qu'une chose à dire, BONNE SMART ATTITUDE!

Avez-vous de l'imagination ? Vous en aurez besoin, surtout pour parler avec vos banquiers. Au début, rassurez-vous, vous serez géré en agence traditionnelle. La vôtre vous suffira au début, mais très vite vous vous croyez VIP. On vous transférera sur des centres d'affaires. Effectivement, centre d'affaires, ça sonne bien à l'oreille. Cela vous donnera l'impression que vous êtes une multinationale. Quand vous êtes à ce niveau, c'est que votre entreprise aura pris un joli cap.

On veut vous faire penser que ce centre est plus adapté, qu'il répondra plus à vos demandes et que vous aurez des avantages que vous n'aviez pas avant. Mais c'est faux, c'est même plus contraignant ! Au début, tout va bien tant que vous ne demandez rien. Cependant, quand vous aurez un imprévu ou un besoin spécifique, il faudra attendre plusieurs jours pour avoir une réponse. Toutefois, on vous questionnera avant, on vous réclamera des tableaux encore et encore BP – bilan prévisionnel/ PT-plan de trésorerie, et si vous ne savez pas ce que cela signifie, vous les retrouvez dans votre table lexicale. Ces deux abréviations seront cruciales, c'est en fonction de ces chiffres qui y sont inscrits que l'on vous répondra favorablement ou pas à votre demande !

Si les chiffres ont eu un pouvoir de séduction sur eux, votre demande sera acceptée ! Dans l'éventualité où ils ne sont pas assez sexy, vous serez alors confronté à la personne qui représentera Dieu dans ce domaine, le directeur des Risques !

Je vous confirme que c'est bien le titre le plus prestigieux, celui qui a le pouvoir de dire OUI / NON, celui qui a le pouvoir de votre entreprise entre ses mains, celui qui chamboulera votre destin ! Entre nous, je ne comprends pas l'utilité de ce métier, il n'a aucun intérêt.

Messieurs les banquiers directeurs des Risques, vous ne prenez aucun risque ! Au lieu de vous focaliser sur ces tableaux et ces chiffres, venez nous rendre visite et venez voir l'humain ! Parce que du haut de votre tour dorée et de vos stylos Mont-Blanc en main, vous ne connaissez pas nos entreprises ni l'humanité de nos salariés ! Il faudrait que dans chaque bureau de directeur des Risques soit apposé le proverbe de Henry Ford : « Les deux choses les plus importantes n'apparaissent pas au bilan de l'entreprise : sa réputation et ses hommes. »

Connaissez-vous l'outil principal du banquier ? Ce n'est pas sa calculatrice ! Mais les cotations, les indicateurs ou les notes qui vous sont propres et que l'on retrouve en interne dans chaque banque. Cette note est calculée par un ordinateur en fonction de différents paramètres. Les flux qui sont positionnés sur le compte, les dépenses et les incidents éventuels de paiement. Vous devrez apprendre que chaque banque a sa propre note interne.

Il semble bon en général d'avoir deux comptes bancaires, mais attention, « warning », ne prenez jamais deux banques du même groupe. Vous allez me dire que vous ne savez pas qu'il existait des groupements de banques, je vous dirai que moi non plus, je ne le savais pas jusqu'à ce que je le vive.

J'avais ouvert deux comptes bancaires dans deux banques différentes, cependant elle faisait partie du même groupement

GROUPE BPCE. Souvent, vous visualisez cette mention en bas du logo de la banque. Évitez d'avoir vos deux comptes dans le même consortium, car vos deux notes seront liées et si vous avez un souci sur une des deux banques, même bénin, vous aurez un impact sur votre note interne. Cela impactera obligatoirement vos deux banques, et là, c'est la catastrophe ! Parce que les deux banques avec lesquelles vous n'aviez aucun problème jusqu'à présent commenceront à en avoir pour votre plus grand désarroi ! Je vous conseille d'ouvrir deux comptes, mais dans deux groupements de banques différents, et votre vie n'en sera que meilleure.

Et puis comme si la note interne ne suffisait pas, comme à l'école où vous aviez votre note sur une matière principale, vous aurez la cotation Banque de France qui correspondra à votre moyenne générale : cotation de l'entreprise et indicateur du dirigeant. Vous aurez une note juste si vous avez échoué. On ne verra pas que vous, et même dans l'éventualité où vous vous êtes battu, on ne verra que la finalité ! Vous serez répertorié dans un fichier qui vous suivra dans toute votre vie personnelle, comme si ce n'est déjà pas assez compliqué de se reconstruire ! Pour la cotation de l'entreprise, la Banque de France a un fichier qui recense toutes les entreprises, dès que vos comptes fiscaux sont déposés.

Une note vous est affectée, puis est centralisée, et en un clic, il n'y a plus de secret pour vos interlocuteurs du chiffre. Cette cotation a pour but de leur donner une vision de votre entreprise sur les trois prochaines années. Alors que cela devrait donner une logique sur l'année en cours, car messieurs les banquiers, ce n'est pas parce qu'aujourd'hui tout va bien que dans deux ans ce sera le cas et vice versa !

Une fois votre cotation, BP/PT en poche, et si vous faites preuve de persuasion, vous aurez la chance d'avoir un rendez-vous avec votre dieu bancaire, celui à qui il faudra faire un beau sourire. Vous essaierez de faire bonne impression, vous aurez mis votre plus belle tenue, et vous serez arrivé à l'heure. Vous aurez dans votre pochette vos tableaux Excel que vous aurez rédigés en 48 heures pour les rendre les plus séduisants possible. Mais attention, pensez à toujours être réaliste, il n'hésitera pas à vous abattre, parce qu'il ne veut pas répondre favorablement à votre demande !

Une fois que vous serez installé et que vous penserez que vous êtes en confiance, il vous proposera un café. Vous penserez qu'il vous aime bien ! Mais ne rêvez pas, un directeur de risques n'apprécie personne, hormis l'argent de sa banque qu'il protège comme si c'était le sien.

Temporairement, c'est le sien, car c'est Dieu ! Il vous laissera raconter vos débuts, votre présent et votre futur, il ne vous coupera pas la parole, ensuite vous évoquerez vos besoins. Si vous êtes là, c'est que vous avez besoin de : découverts, crédits, et de facilités de caisse, ils peuvent être nombreux. Il vous regardera et vous dira : « Écoutez, madame, je comprends, mais vous savez le risque dans votre dossier, c'est l'effet de sucre. » Mais c'est quoi cet effet de sucre ? Vous sourirez comme une idiote, car vous n'avez rien compris. Quel rapport entre du sucre et mon prêt ?

Vous ferez semblant de comprendre, pourtant pendant ce temps, votre esprit ne visualise plus le prêt. À ce moment précis, vous visualiserez très bien le sucre et le diabète. Le diabète étant l'effet du sucre, non ? Vous le regarderez : « Excusez-moi monsieur (c'est un métier de pouvoir, et pour les directeurs des Risques, le pouvoir n'est pas encore féminin, bref, revenons à notre effet de sucre), je n'ai pas compris, je suis désolée ! »

À cette phase, vous avez compris que vous pouvez vous lever et partir, vous n'obtiendrez rien, mais bon ! Politesse oblige, et puis c'est Dieu, on va finir de l'écouter, donc... Imaginez des sucres, les uns derrière les autres, oui, un genre de domino en sucre, jusque-là pas de difficulté je visualise ! Le premier morceau de sucre tomberait sur le deuxième qui tomberait sur le troisième qui tomberait sur le quatrième et ainsi de suite… c'est ça, l'effet de sucre !

En conséquence, le premier morceau qui tombe est une difficulté que vous n'aurez pas prévue et qui viendrait faire écrouler tous vos projets. Il n'est pas sympa ce Dieu, pourquoi il voudrait que le premier morceau de sucre tombe ? Aujourd'hui, il est debout, comment peut-il savoir si un jour il tombera ou non ? C'est Dieu remarquez, il a peut-être des dons de voyance…!

Soyez apaisé, il n'est ni un voyant ni Dieu, même s'il le pense ! Il n'a juste pas envie de vous aider, et par défaut de décaisser, alors sauvez-vous… Mais attention, parfois au moment où il aura fini son effet de sucre, et comme il ne vous avait pas assez abattu, il ajoutera une couche comme s'il recommençait une nouvelle publicité avec l'effet ciseaux ! Il en a de l'imagination, notre monsieur le banquier, « l'effet ciseaux », c'est une publicité pour une coupe de cheveux ? Voilà ce que cela m'évoque.

J'ai tout faux ! On retourne à notre imagination, mais en plus il vous le dessine. Il prend une feuille, vous dessine une paire de ciseaux ouverte, et de plus il s'applique. Il fait même les ronds pour les doigts, comme si nous allions la tenir entre nos mains. J'ai envie de lui dire « Excusez-moi, c'est une feuille ! » Il s'applique encore, car en guise de souvenir, il m'exprimera à la fin : « Tenez, je vous la laisse ! » Un genre de souvenir d'un rendez-vous raté. Comme si chaque matin j'allais me lever en regardant l'effet ciseaux. Je vous le dessine ! Vous avez ainsi une paire de ciseaux ouverte, deux branches, droite et gauche. La première s'appelle chiffres d'affaires, en gros nos ventes, et la seconde s'appelle BFR, besoin en fonds de roulement (il faudra vous rapprocher du lexique). Mais l'explication à cet effet ciseaux est : plus vous évoluez, plus vous aurez besoin de fond !

C'est logique pour nous, entrepreneurs, néanmoins pas pour un banquier. Car plus les ciseaux s'ouvrent, plus les deux côtés des ciseaux s'éloignent, plus ça leur fait peur. Vous avez compris que vous êtes contrarié, et que ce rendez-vous tant attendu et si important vous a replongé dans une détresse absolue.

Vous aurez envie de lui dire qu'ils ne comprennent rien à l'entreprise, ni même à vos projets, et je m'imaginais jouer au CHIFOUMI, vous savez, ce jeu de main pendant lequel les joueurs choisissent en même temps entre la pierre, la feuille et le ciseau qu'ils représentent avec la main. J'ajoute à ce jeu un élément : l'effet grand écart. La partie peut alors commencer : je reprends son effet ciseaux. Je les écarte tellement qu'après cela fait un grand écart. Mais le grand écart fait finalement une ligne droite, non ? Où les deux parties de la paire de ciseaux sont l'un à côté de l'autre. J'aurai gagné du premier coup ma partie de CHIFOUMI. L'effet grand écart casse son effet ciseaux.

Et là, avec l'effet grand écart, vous me prêtez l'argent ? Monsieur le directeur des Risques, arrêtez de nous décourager ! Une autre fois, je me souviens m'être assise en face d'un directeur des Risques, et il m'a dit : « Madame, maintenant il vous faut rentrer des fonds, des fonds à six chiffres pour vous développer. » Je n'avais qu'une envie, lui répondre : « Attendez, ne bougez pas, demain, c'est l'EUROMILLION ! » Soyons réalistes, nous avons une chance sur 139 838 160 de gagner à l'EUROMILLION, donc cette solution étant abstraite, elle sera vite oubliée. Vous allez devoir maîtriser le roadshow, non, ce n'est pas la dernière dance à la mode, c'est le nom du processus qui vous permettra de lever des fonds. Il vous faudra vos deux nouveaux compagnons, ceux qui vont vous suivre pendant à minima six mois, oui, c'est long, car durant ces longs mois, ce ne sera pas que votre seul objectif. Vous devrez toujours être le capitaine à plusieurs casquettes, et vos deux nouveaux compagnons seront le Teaser et l'Exécutive Summary. Je suis désolée, encore des termes techniques, mais ne vous inquiétez pas ; vous les retrouverez dans le lexique, mais je vais vous faire un résumé. Le Teaser est la bande-annonce qui ne doit pas dépasser une page. Il vous faudra retenir l'attention de l'investisseur, bien souvent il ne comporte pas le nom de votre société, comme si nous voulions y mettre une petite pointe de suspens. Il portera le nom d'une série, et si vous avez eu la chance de capter sa concentration, vous passerez à l'étape d'après. L'Exécutive Summary est le film de votre entreprise et tout y est détaillé. Votre qualité première sera l'endurance, vous devrez vous préparer à un défi moral. Il vous faudra prendre du recul pour accepter les critiques, les refus et le temps qui défile, mais comme si cela ne suffisait pas, vous devrez aussi être préparé à un défi physique. Vous multiplierez les entretiens téléphoniques, les envois par courriel de vos nouveaux amis, les rendez-vous en présentiel, les relances, puis les deuxièmes entretiens nécessaires et les « touristes investisseurs » qui vous font perdre du temps. Vous êtes devenu la dernière chanson à la mode que vous écouterez en boucle, mais attention, là encore, vous serez confronté à des mots jamais entendus.

Gardez toujours votre lexique avec vous, on vous posera la question : « Vous voulez quoi comme fonds ? » C'est bizarre cette question, non ? Des fonds ont tous la même odeur, non ? De l'argent, c'est de l'argent, enfin ça, c'est dans votre petit esprit. Il existe des dizaines de titres pour lever des fonds, parfois même des noms très séduisants : Love Money, Business Angel, Early Stage, Capital Risque, capital-risque Mid-stage, prêt bancaire, crowdfunding, aides d'état, subvention, incubateurs/accélérateurs.

Parfois, on vous conseillera de passer des concours pour obtenir quelques financements supplémentaires non négligeables. Vous devrez constamment montrer une certaine confiance en vous tout en accueillant positivement les critiques. Et si le processus n'aboutit pas, ne lâchez rien, remontez en selle et recommencez, car dans l'éventualité où, en plus, votre profil est féminin, ce sera un véritable défi. Une récente étude à démontrer que seulement 41 % des femmes y arriveraient, et que nous devrions fournir un effort supplémentaire pour être prises au sérieux.

Attention, essayez de garder dans la mesure du possible 51 % des parts. Ce pourcentage correspond à la majorité du capital de votre structure. Vous pourrez ainsi en garder le contrôle, les prises de décisions, et vous ne pourrez jamais être révoqué.

Le mot «révoqué» est le terme qui permet à un autre que vous d'être le capitaine de votre bateau. Je me rappelle avoir reçu un jour une lettre d'intention (LOI) d'un fond connu à Paris, et leur désir était d'avoir 51 % pour eux et 49 % pour moi.

Quand je lui ai demandé quel était l'intérêt d'avoir la majorité, il m'a regardée, et avec sa main droite, il a tapoté le bureau en me disant : «Nous pouvons appuyer sur le bouton.»

Le bouton rouge étant celui de la révocation. Vous l'aurez compris, j'ai donc refusé et aucune levée n'a donc abouti. Les qualités d'un chef d'entreprise sont réunies dans la roue à succès.

Déléguer = qualité essentielle du dirigeant alors chef d'entreprise. Impossible d'être au four et au moulin, de jouer l'homme-orchestre longtemps. Vous devez déléguer et vous concentrer sur l'avenir de votre entreprise. Vous devrez obligatoirement bien vous connaître et admettre vos forces, vos compétences et vos faiblesses. N'oubliez jamais, vous en avez! Faites confiance à vos collaborateurs quand vous sentez que vous manquez d'expertises!

Vos oreilles seront en alerte à chaque instant. Vous devrez écouter l'autre, entendre les attentes de vos clients, ainsi que les avis de vos collaborateurs et de vos partenaires, vous suivrez l'état du marché et du comportement de vos concurrents. Écouter les clients des autres est le meilleur moyen d'accroître votre part de marché, mais écouter les visionnaires est un moyen imbattable de créer de nouveaux marchés. Même quand votre boule de cristal est en panne, il vous faudra pourtant être visionnaire !

Vous ne pourrez plus vivre l'instant présent comme auparavant, vous devrez sans cesse consacrer une partie de votre énergie et de vos pensées à la préparation et à la planification de scénarios futurs. Vous devrez penser votre business model et toujours vous tenir prêt pour le prochain virage. Il vous faudra constamment faire preuve d'imagination et de nouvelles créativités. Vous devrez encore faire preuve de courage comme Nelson Mandela le dit : « Je ne perds jamais. Sois je gagne, soit j'apprends ! »

Délais de paiement, cela vous évoque quoi ? Un délai de paiement est un échéancier qui regroupe une ou plusieurs échéances. Que devrez-vous à l'Urssaf ? Que devrez-vous aux impôts ? Que devrez-vous pour votre retraite ? Vous aurez d'autres délais de paiement avec vos fournisseurs habituels, mais nous allons évoquer les délais de paiement, ceux auxquels vous serez confronté le plus souvent. Comment cela se passe-t-il ? Si vous n'avez qu'une dette dans un de ces établissements, il vous sera plus facile de demander un échéancier.

Prenons comme exemple l'Urssaf. C'est l'organisme le plus compliqué, pourtant ces trois organismes ont les mêmes modalités : vous devrez au préalable payer les parts salariales pour cet organisme. Cela paraît logique. C'est de l'argent que vous aurez retiré à vos collaborateurs et vous ne pouvez pas vraiment prétendre à un échéancier si cette partie n'est pas réglée. Je vous l'accorde, quand c'est compliqué parfois, nous n'avons pas de quoi régler même cette part salariale, vous trouverez alors que le système ne vous aide pas. Vous mettrez ainsi tout un tas de solutions pour vous permettre de régler ces parts salariales. Dans le cas où cette première mission est accomplie avec succès, vous avez obtenu le droit de faire votre demande d'échéancier. Vous devrez expliquer les raisons qui sont intervenues et qui ont généré cette situation. Vous ferez même la demande de remise gracieuse des pénalités. Logique, dans le cas où vous ne payez pas en temps et en heure, parce que vous n'avez pas les fonds disponibles, et vous serez pénalisé. Au vu des montants onéreux, vous pourrez dire : « Merci monsieur le directeur de l'Urssaf de nous faire grâce des pénalités ! » N'allez pas trop vite, vous devrez pour cela avoir respecté votre échéancier à la bonne date !

Je vais vous donner une petite astuce : vous ne remontrez dans leur système que quinze jours après avoir dépassé la date limite de votre échéancier et chaque jour en trésorerie est bon à prendre. Mais attention, ce n'est pas si simple, car ce ne sera pas toujours accepté, cela se fera en fonction du montant, et puis il ne vous laisse pas disposer de délais trop longs. 6 à 12 mois maximum. Pourtant, comme si ce n'était pas assez compliqué, vous devrez régler le courant, si vous voulez que votre demande ait une chance d'aboutir. Vous devrez vous porter caution sur vos biens. Ils vérifieront si vous êtes solvable et à partir de ce moment, votre échéancier pourra aboutir. Toutefois, si vous n'avez pas d'échéancier, vous ne pouvez plus continuer, alors s'il vous plaît, messieurs les directeurs, arrêtez et aidez-nous à sauver notre entreprise. Ouvrez les délais de paiement à tous !

Si je devais leur dire une chose aux directeurs des Urssaf, des impôts et des retraites, ce serait : « Permettez-nous de sauver nos entreprises et faites voter une loi qui permettrait une seule fois sur notre carrière de chefs d'entreprise de remettre les compteurs à zéro, cela permettrait de sauver des sociétés de la faillite. C'est une certitude !

Il y aura sûrement des abus, et vous le savez ! Ne soyez pas aveugles, car si nos sociétés font faillite, vous n'aurez jamais cet argent. Par contre, si vous laissez une chance, même une infime chance de pouvoir continuer, nous serions tous heureux.

Dans le cas où cela est bien encadré, je ne pense qu'il y aura un but ! La vie d'une entreprise n'est pas un long fleuve tranquille, vous pouvez rencontrer des difficultés qui seront liées à une conjoncture ou à des évènements bien précis, et c'est ça qui causera notre perte. Alors, laissez-nous une chance, au moins une fois dans la carrière de dirigeant, afin que nous puissions remettre les compteurs à zéro. »

Bien évidemment, il faudra bien encadrer cela en termes de montants et d'échéances. Vous ne pourrez pas imaginer combien d'entreprises seraient sauvées. Pour les impôts ou la retraite, c'est la même logique, car ces organismes sont possesseurs du document magique : Attestation de vigilance ! Cette attestation ne pourra être obtenue que si vous êtes à jour de vos obligations, et sans ce document, c'est compliqué de faire tourner votre entreprise.

Donc, vous l'avez compris et on résume la situation, il vous faut l'attestation pour continuer à travailler. Parce qu'on vous la réclame souvent, et quand vous avez des dettes on ne vous la remet pas et vous ne pouvez ainsi plus travailler. Ainsi, on ne vous accordera pas l'échéancier non plus !

Alors, messieurs LES DIRECTEURS DES ORGANISMES SOCIAUX, FISCAUX DONNEZ-NOUS LA CHANCE DE SAUVER NOS ENTREPRISES ET ACCEPTEZ UNE FOIS DANS NOTRE CARRIÈRE DE DIRIGEANTS DE METTRE LES COMPTEURS À ZÉRO DE NOS COTISATIONS POUR NOUS PERMETTRE D'AVANCER…

Il est quand même important de préciser une chose que vous devez connaître : aucun mais aucun délai de paiement ne sera autorisé sur le paiement de TVA, elle ne vous appartient pas.

Vous avez ainsi l'obligation de la reverser, de faire vos déclarations mensuelles, vous aurez alors une bonne visibilité. Payez votre TVA, cela prouvera que vous êtes une entreprise rentable. Nous allons maintenant évoquer les délais de paiement. À contrario, quand ce sont des institutions publiques qui vous doivent des fonds, ils prendront du temps à le faire. Vous entendrez la loi LME, mais cette loi ne change absolument rien. L'État est toujours en retard pour payer, et vous, vous ne devez jamais être en retard dans vos règlements. De plus, on vous pénalisera, et on vous mettra des majorations pour non-paiement. L'État a mis en place une plateforme qui se nomme CHORUS.

Sur le principe, c'est une bonne idée. Derrière, c'est constamment l'humain qui est présent et comme il est débordé, il ne traitera votre facture que quand il aura le temps. Cela arrange bien nos messieurs les banquiers, car pour cette solution, il n'y a pas moins de trois solutions : Affacturage, Daily, et Financement de balance. Messieurs les banquiers aiment ça. Plus on les paie en retard, plus ils nous facturent des intérêts, enfin sur ces solutions je n'ai qu'un conseil d'experte à vous transmettre : faites attention au financement, parce que la banque avance, mais si le client ne paie pas, la banque reprend ses fonds, et là vous vous retrouvez à l'effet « effet de sucre » ou « effet ciseau » généré par lui-même, monsieur le banquier. Moyens de paiement : différents moyens de paiement vous sont proposés. Privilégiez toujours les virements, cela laisse une meilleure traçabilité, et évitez les chèques !

Toutefois, le moyen de paiement qui vous aide sur le moment, car il laisse un peu de trésorerie, mais qui peut s'avérer dangereux, c'est la traite. Une traite est comme un chèque que vous libellez, et il permet au destinataire d'être réglé tout de suite. Cependant, à vous d'être débité plus tard, report à 90 jours. Néanmoins, quand la traite se présente, et que vous n'avez pas les fonds, non seulement votre fournisseur se retrouve débité des fonds qui lui avaient été crédités, mais en plus votre banque va envoyer l'information à la Banque de France et cela va impacter votre cotation Banque de France. Même si vous régularisez le paiement, l'enregistrement de ce défaut de paiement va vous suivre pendant à minima 12 mois.

Nous allons maintenant observer différentes entreprises et surtout le parcours de certains dirigeants. Quand on lance son entreprise ou quand celle-ci se trouve confrontée à des difficultés, il est bon de regarder celles et ceux qui ont su tirer leur épingle du jeu.

Certains passent les portiques de la création sans rencontrer apparemment d'obstacles. La création et la vie d'entreprise ne sont pas un long fleuve tranquille ou une traversée qui ne donne pas le mal de mer, ce n'est rien de le dire. De nombreux entrepreneurs, même parmi les plus renommés et chevronnés de la planète, ont un jour dû affronter certaines difficultés et certaines péripéties qui ont laissé une trace indélébile dans leur mémoire et leur expérience de chef d'entreprise.

Je vous présente les anecdotes les plus intéressantes et les plus marquantes :

1. Denis Payre et la création de l'entreprise Kiala. Preuve que la réussite d'une entreprise peut se jouer à quelques menus détails. La création de l'entreprise Kiala, désormais célèbre, a laissé des traces dans l'esprit de son créateur Denis Payre. Désireux de lancer son projet en France tout d'abord, Denis Payre a dû essuyer de multiples refus et faire face à l'impossibilité de développer son entreprise correctement du fait d'un taux d'imposition bien trop important sur le territoire français. Il songea même à un moment à abandonner son idée qu'il voyait vouer à l'échec. L'idée lui vint de partir en Belgique, comme une dernière chance de survie, pour lancer son entreprise de livraison de colis. Et là, le succès fut immédiat! Kiala est à présent un des leaders du mar-

ché européen. Une anecdote intéressante qui nous montre que la persévérance est reine dans le monde des affaires.

2. Le choix du nom de l'entreprise « Atari ». Bien connue dans le secteur du jeu vidéo, l'entreprise japonaise « Atari » doit son nom à un mot bien particulier : le mot japonais *ataru*, qui signifie à la fois « atteindre la cible » et « recevoir quelque chose par hasard ». Les créateurs de l'entreprise, désireux de développer et de pérenniser leur projet, mais conscients de leur besoin de chance pour réaliser cela, décidèrent de choisir ce nom. Sans parler de prédestination, le nom choisi pour l'entreprise peut parfois receler des choses sur le futur.

3. James Dyson et la pugnacité. L'histoire de la création de l'entreprise Dyson est très chaotique. Son créateur, James Dyson, fit l'objet de nombreux refus lorsqu'il tenta de proposer aux industriels les produits qu'il avait inventés. Personne n'avait foi en ses inventions, tous ne croyaient pas en leurs succès. Las, James Dyson finit par créer sa propre entreprise, et il utilisera ses propres brevets. On connaît la suite. Dyson est aujourd'hui l'une des entreprises leader sur le secteur de l'électroménager, et ce grâce à des produits innovants, fiables et de grande qualité.

4. Nintendo et son activité première. Une anecdote qui ne cesse de marquer et de surprendre les esprits : l'entreprise japonaise Nintendo, bien connue pour ses jeux vidéo qui ont traversé les âges et les générations, était au départ une entreprise qui fabriquait des… jeux de cartes. Créée en 1889 par Fusajiro Yamauchi, l'entreprise nippone s'est fait une réputation initiale grâce à cette activité. Aujourd'hui, l'entreprise s'est muée en géant du jeu vidéo au grand dam de ses concurrents spécialisés depuis toujours dans ce secteur. Signe que l'activité initiale d'une entreprise peut très vite être amenée à évoluer, dans le bon sens!

5. L'idée de Twitter. Nous sommes en février 2006, il est deux heures du matin, dans une voiture qui ramène Noah Glass et Jack Dorsey à leur domicile. Plutôt éméchés, les deux acolytes vont discuter autour d'un projet de réseau social qui pourtant leur semble irréalisable. Le lendemain, après avoir « récupéré » de leur soirée, ils se recontactent et décident de mettre sur pied le projet dont ils parlaient la veille : Twitter est né.

Je vais vous confier une chose très personnelle, pour que vous ne commettiez pas la même erreur que moi. Je souhaite que vous preniez conscience du vécu de mon expérience. Il y a vraiment une chose que j'ai apprise et comprise trop tard malheureusement, et les années passant et tous ces moments gâchés. Je n'ai pas acquis la conviction que j'allais avoir plusieurs chances dans ma vie professionnelle, mais une seule de réussir ma vie personnelle ! Il est alors assurément très difficile d'arriver à trouver un équilibre.

L'entrepreneuriat est une carrière incertaine, semée de surprises positives et négatives. Pour s'assurer que les tracas du quotidien de la création et du développement d'une entreprise restent alignés sur les aspirations à court et long termes, sur vous et votre famille, il faudra faire des concessions. Je vous conseille de refaire le point régulièrement sur votre plan quinquennal.

Cher chef d'entreprise, j'espère que vous vous êtes bien substanté, que vous n'avez pas envie de dormir, car le sujet qui arrive est un des plus importants. Je sais d'avance que, dans quelques instants, je vais vous entendre soupirer, chuchoter, et même que vous mettrez en doute ce que je vais vous expliquer. Aujourd'hui, si vous n'êtes pas d'accord avec ce qui va suivre, vous le saurez un jour, j'en suis certaine !

Dans moins de cinq ans, vous vous en rappellerez et vous vous direz que notre conférencière avait raison et que vous auriez dû prendre note de ce point important. Je vous demande toute votre intention pour éviter justement qu'un jour, vous ressentiez cela. Il ne faut pas écouter les fausses idées reçues comme : tout faire pour payer le moins d'impôts possible ! En comptabilité, il y a différents leviers pour payer moins d'impôts, mais aussi pour en payer plus. C'est une évidence que la plupart des personnes cherchent à en payer le moins possible, cependant, c'est une très mauvaise idée ! Votre appartement que vous achèterez ne vous rapportera rien, pourtant votre entreprise, votre notoriété, votre cotation et votre rémunération de dirigeant vous achèteront votre appartement.

Quand une entreprise est rentable, vient à vous la banque personnelle VIP banque privée. Vous aurez alors d'énormes avantages. Plus votre entreprise est rentable, plus elle paie de l'impôt c'est certain, plus vous aurez des dizaines de portes qui s'ouvriront à vous. Votre liasse fiscale est la clé de votre succès.

Plus sa rentabilité est meilleure, plus votre avenir s'éclairera, réfléchissez bien et payez de l'impôt. Vous ne vous en sentirez que mieux, même si ça fait mal à votre chéquier, un jour, vous me remercierez. La chose la plus folle que j'ai faite a été d'écrire au président de la République, vous avez bien lu, au président de la République française ! Rien ne pouvait m'arrêter ! Je bougerai tout ce qu'il faut bouger, tant que je suis vivante, il y a de l'espoir. Quand j'ai écrit que je ne m'attendais pas à avoir un jour une réponse : j'ai écrit le 21 novembre 2020 et moins de deux mois après, je recevais ce courriel avec en pièce jointe le beau logo de la présidence de la République. Vous trouverez cette lettre ci-contre :

Le Chef de Cabinet
du Président de la République

Madame Nathalie VENET

Paris, le mardi 26 janvier 2021

Madame,

Le Président de la République a bien reçu le courrier que vous avez souhaité lui faire parvenir.

Sensible aux préoccupations que vous exprimez et attentif à votre situation personnelle, le Chef de l'Etat m'a confié le soin de vous assurer qu'il en a bien été pris connaissance.

Monsieur Emmanuel MACRON mesure pleinement les difficultés auxquelles se trouvent confrontés ses concitoyens ainsi que les conséquences économiques, sociales et psychologiques engendrées par cette crise sanitaire inédite à laquelle nous devons faire face.

A sa demande, je n'ai donc pas manqué de relayer votre démarche auprès de Monsieur le ministre délégué auprès du ministre de l'économie, des finances et de la relance, chargé des petites et moyennes entreprises, ainsi qu'à Monsieur le préfet du Val-de-Marne, afin que soient recherchés les moyens susceptibles de vous venir en aide.

Je vous prie d'agréer, Madame, l'expression de mes hommages.

Brice BLONDEL

N° PDR/CP/BCP/BR/A107945

PRÉSIDENCE DE LA RÉPUBLIQUE
PALAIS DE L'ELYSÉE — 55, RUE DU FAUBOURG-SAINT-HONORÉ, 75008 PARIS

Afin de contribuer au respect de l'environnement, la Présidence de la République vous invite à privilégier l'envoi de vos correspondances par courriels sur le site www.elysee.fr, rubrique « écrire au Président ».

Imprimé sur papier recyclé pour préserver notre planète.

Ce qui est dommage, je dois l'avouer, c'est que je n'ai jamais eu de nouvelles du préfet. En revanche, la personne en charge des petites et moyennes entreprises m'a fait un mail, nous avons même échangé au téléphone, et je n'ai plus jamais eu de ses nouvelles, ni positives ni négatives.

Alors, ce qui serait bien, c'est que le secrétariat de la présidence s'assure de la suite avant de classer nos lettres sans suite ! Il faut prendre conscience que vous ne pouvez pas tout connaître dès le début, ainsi que tous les occupants de votre bateau, pour ma part je n'ai entendu le mot DAF qu'en 2016, je ne savais pas avant ce que cela signifiait. En fait, cet emploi correspond à la personne qui gère la direction financière de votre entreprise.

On me l'avait conseillé et j'ai eu la chance de faire un joli parcours de vie professionnelle avec David C, que je visualisais comme mon sauveur de toutes les situations. Je l'appelais dès qu'un stress arrivait, ou dès qu'une angoisse surgissait, ou dès que des fins de mois difficiles surgissaient, ou dès que je ne trouvais pas la solution.

Il avait suffisamment de recul pour m'apaiser comme si à chaque fois nous allions y arriver, rien n'était un problème et il me disait sans cesse de ne pas paniquer. Je me revois dans mon bureau, avec David C à mes côtés, je n'arrêtais pas de marcher, faisant des allers-retours sans cesse comme si la solution allait apparaître en bout de chemin. Je garde encore aujourd'hui de très bons souvenirs malgré les difficultés. Quand vous arriverez à cette étape, l'étape de fin de vie de votre société que vous avez vue naître, grandir, et quand vous aurez compris ce monde de l'entreprise, vous saurez que c'est la fin d'un cycle.

Vous saurez ce qu'il faut faire, ou ne pas faire, quelle prise de risque peut être dangereuse, de qui il faut s'entourer ! Bref, vous connaissez tellement de choses que vous pourriez être même être à la tête d'une multinationale. Parfois, des dirigeants de multinationales ne traversent même pas le quart de votre parcours. Vous arrivez avec tant de connaissances, un savoir en vous, et de l'assurance comme jamais, que vous pouvez même devenir ministre du Travail. Vous avez eu tant de stress pour le comprendre, que peu de personnes peuvent se l'imaginer, mais je n'ai qu'un regret et rien ne pourra à jamais l'apaiser.

Maintenant que vous avez toutes les clefs : les clefs de la réussite, les clés du succès, les clés des échecs et les clés de la connaissance, mais elles ne peuvent plus rentrer dans votre serrure, car la porte n'existe plus. Pas de deuxième chance pour cette entreprise, je vous le précise bien ! Parce que vous pourrez toujours en remonter une autre et c'est ce que votre entourage vous conseillera, mais vous n'avez plus cette même force ni cette même inconscience. Vous avez 10 ans de plus et les épreuves vous ont marqué, comme si vous étiez un footballeur en fin de carrière. Recommencer de zéro, avec toute l'expérience que vous aurez acquise au fil de toutes ces années, mais sans cette force vibrante qui vous animait, je trouve cela dommage de recommencer.

J'espère que chacun d'entre vous a obtenu les réponses à ses problématiques, que chacun retournera dès lundi à son entreprise avec une autre vision plus objective, il vous restera à tracer le chemin du succès de votre entreprise

J'aurais tant voulu être propriétaire des bonnes clés dès le début, mais personne ne les possède. Cela s'appelle l'expérience ! Vos clés, vous les gagnerez à la lutte de votre expérience, de ce que vous aurez appris et compris. Vous devrez apprendre à être indulgent avec vous-même. Vous vous pardonnerez vos choix, vous vous excuserez de vos erreurs passées, bref, vous continuerez à vivre et à surmonter ces épreuves.

Beaucoup d'entre vous désirent comprendre comment j'ai pu en arriver là. Moi qui vous donne le sentiment de tout connaître, notre monsieur le banquier directeur des Risques a eu raison un jour. J'ai eu mon effet de sucre qui a fait tomber un, puis deux, ensuite trois, ensuite la totalité des sucres, tout s'est effondré devant moi sans pouvoir les ramasser. Et quand j'arrivais par miracle à ramasser un morceau, enfin, quand je pensais ramasser un morceau, un autre s'effondrait, pourtant j'avais tracé le cap de ma société dans la bonne direction ! J'ai eu un litige avec un factor, une conciliation n'a pas abouti et est arrivé un redressement puis une liquidation.

Parfois, quand je suis seule et isolée du monde, je m'occupe en regardant des dizaines de vidéos de coaching sur YouTube. Certaines sont même géniales, je peux réécouter en boucle celles qui me plaisent le plus. Steve Abd Karim est fantastique et je vous conseille ses vidéos, « Comment reprogrammer son cerveau ? »

Il dit des choses qui semblent tellement vraies et tellement motivantes, mais ce ne paraît pas si facile de le pratiquer au quotidien.

Mon programme actuel est mon bien-être qui est dû à mon traumatisme engendré par des pensées qui m'envahissent. En tant que chefs d'entreprise, nous sommes obnubilés par des croyances ancestrales.

Il a beaucoup de comparaisons originales (comme quoi), et, après avoir écouté ces vidéos, vous vous sentirez pousser des ailes.

Mais contrairement à lui, je pense que dans la vie, il faut toujours un plan B ! Nous devons constamment nous focaliser sur l'objectif, mais avoir un plan B nous permet en cas d'échec de retomber sur nos pattes. Dans ma chute, je n'avais pas imaginé de plan B, mais j'aurai dû pour simplement éviter ma perte et celle de mon entreprise !

Comme lui, si j'y avais pensé, c'était comme si mon cerveau s'ouvrait à une autre éventualité ! Mais il faut se rappeler que, parfois dans notre vie il y a des événements que nous pouvons contrôler et que c'est là qu'il faut ce fameux plan B !

À la fin de ces vidéos où il nous détaille le cerveau et son fonctionnement, je me pose la question suivante : « Et si j'étais un homme ? » Même si au niveau caractère et ambition on m'a souvent comparée à un homme, je reste bien une femme et une chef d'entreprise.

Dans l'éventualité où j'avais été un homme, comment dans mes pensées, mes émotions, et mon comportement aurais-je réagi à cet événement ? Comment l'aurais-je surmonté ? Un homme aurait-il été plus fort ? Aurait-il déjà tourné la page ? Aurait-il déjà rebondi ? L'homme et la femme sont égaux et… presque semblables ! En fait, nous devenons plus ressemblants que différents. On pourrait comparer l'homme et la femme a deux logiciels de traitement de texte possédant chacun leurs spécificités. Nos ressemblances constituent 97,83 % de notre nature humaine. Hommes et femmes ont deux jambes, deux bras, un corps, une tête et leurs vies tournent autour des mêmes dimensions : personnelle, relationnelle, professionnelle et parentale. Leurs besoins sont sensiblement les mêmes : survivre, aimer, et être aimé, s'épanouir, se reproduire, et chacun a des doutes, des peurs aussi. Leurs cerveaux ont les mêmes structures. Les hommes et les femmes sont pareils, mais ils paraissent différents ! Ils ne sont ni pires ni meilleurs, juste un peu différent.

D'où vient cette différence de 2,17 % ? D'après certaines études, une femme pleurerait 30 à 64 fois par an, avec une moyenne de 6 minutes, contre 6 à 17 fois par an pour un homme avec une moyenne de 3 minutes.

Selon ces études, nous, les femmes, sommes plus émotives et nous exprimons plus nos émotions que les hommes.

Alors, si j'avais été un homme, je n'aurais pas pleuré et j'aurais encaissé, je pense plus facilement. Je pense que je me serais résignée au lieu de me battre, et je pense que je ne serais toujours pas repassée à autre chose, car même si la gestion des émotions est différente, le ressenti est le même ! La tristesse et ce vide auraient été identiques, mais je préfère avoir réussi à extérioriser toutes ces épreuves avec des pleurs, parce qu'un homme aurait extériorisé cela avec de la colère, alors je remercie le destin de m'avoir fait femme !

Aujourd'hui, des procédures contentieuses sont engagées et j'espère que je gagnerai même si ça ne me fera pas retrouver ma société. Cela m'apaisera, puisqu'on fond même, ce vide est plus petit, il est toujours là et fait partie de moi. Vous vous rappelez au début de mon histoire, je me posais la question de pourquoi ce jour-là : aujourd'hui, j'ai la réponse !

Il n'y a pas que la vie professionnelle dans la vie, car j'en aurai plusieurs. En revanche, qu'une seule de personnelle. Comme le destin de vie connaissait son importance à mes yeux, « Félicitations Nathalie », maintenant je la comprends mieux !

Tu vas enfin pouvoir profiter de ta vie personnelle, et même si tu te reconstruis professionnellement, tu ne laisseras plus jamais ta vie privée de côté et elle sera pour toi une priorité.

Ma conférence générale se termine, regardez bien vos autres conférences avec vos divers intervenants, mais je dois dire que j'ai tout tenté et j'ai toujours fait de mon mieux.

Je vous dis à bientôt et mon combat reste à ce jour de retrouver le chemin de l'entreprise ! D'ailleurs, pour nous joindre et intégrer notre école, ou pour toute demande ou problématique, voici notre mail : **les1eresconferencesecolières@gmail.com**

Nathalie Venet, Chef d'entreprise en redevenir.

Je remercie mes équipiers de mon « bateau entreprise » et mes salariés sans qui toute cette aventure n'aurait pas été possible.

Je vous remercie pour votre implication, votre motivation et votre soutien indéfectible.

Je remercie Julia, David et Mickael de m'avoir épaulée dans cette rude épreuve et pour cette nouvelle collaboration à venir.

Je remercie ma belle-sœur Julia qui m'a lue et qui m'apporte tout son soutien.

Je remercie les personnes qui m'ont aidée et soutenue dans la rédaction de ce livre, Sarah Attia et Nathalie Zylberman.

Je remercie mon mari de m'avoir soutenue dans ces épreuves difficiles et pour son soutien au quotidien.

Je salue la vie de m'avoir fait vivre toutes ces épreuves, car cela m'a enrichie.